DHABAR ADEYG

Lix Tallaabo, oo Isbeddel Horseeda

DHABAR ADEYG
Lix Tallaabo, oo Isbeddel Horseeda

Ibraahin Aw-xasan Ismaaciil
(Waaberi)

III

Daabacaaddii Koowaad

Madbacadda Hiil Press
contact@hiilpress.com
Qaahira, Masar, Hargeysa

Quraaridda Buugga: Cabdiladiif Ismaaciil Cali
Habaynta jeldiga: Mustafe Mahad

ISBN:978 164 826 460 3

Wixii talo, tusaale iyo toosin ah fadlan si
hagar la'aan ah ugu hagaaji qoraaga buugga
ciwaannada iyo lambarradan hoose.

Portland, OR, USA

ibroWaaberi@gmail.com
Facebook, and Youtube: Ibrahim Waaberi

Tusmada Buugga

MAHADNAQ

Ugu horreyn, waxa mahad idil iska leh Allaha (swt) inna dhaxalsiiyay adduunyada guudkeeda waxa jooga oo dhan; caqli inna siiyay aynu ku fekerno kuna kala garanno xumaanta iyo wanaagga, xaaraanta iyo xalaasha, waxtarka iyo waxyeellada. Inna faray in aynu xumaanta iska reebno wanaaggana is farno, iskuna kaashanno.

Marka xigta waxa aan u mahadnaqayaa cid kasta oo sabab u ahayd in uu soo baxo buuggani, iftiinkana arko. Waxa aan si gaar ah u xusayaa: Xaaskayga Xamda Maxamed Jaamac, oo mar walba si hagar la'aan ah, waqti iyo deegaan ku habboon qoraalka ii fidisa. Ust Mubaarak-Haadi, oo buugga markii u horreysay isha soo mariyay. Guud ahaan, bahda Hiil Press; daabicidda buugga oo kaliya uguma mahad naqayo; laakiin, kaalinta muhiimka ah, ee ay guud ahaan ka ciyaarayaan, fudeydinta, faafinta iyo dhiirrigalinta dhallinyarada wax qoraysa.

HORDHAC

Ma odhanayo sideen nafta u beddelnaa, bal se waxa aynu odhan "sidee baa aynu nafta wax uga beddelnaa?" sababtoo ah, naf u baahan gabi ahaan in la beddelo ma jirto, Allana (swt) nafna macno darro uma abuurin. Ruux wal oo aadane ahi, wuxu leeyahay wax macaan oo aan la quudheyn. Kaliya, waxa suurta gal ah, mararka qaar qiimahaas in ay isku dahaadhaan dhawr wax oo liita, oo uu qofkaasi u baahanyahay in uu beddelo. Haddii uu beddelana, waxa markaba ifka u soo baxaya, asalkii naftani lahayd, oo ah mid qurux badan. Isbeddel marka aynu leennahay, laba ujeeddo ayaynu uga dan leennahay, midda hore waa *weecasho*, midda labaadna waa *korriin*.

Weecasho: waxa aad ka weecatay jid qaldanaa, waxa aanad qaadday mid saxsan. Wax yar oo liita haddii aad beddesho, kuna beddesho isla wixii oo saxan, ama wax kale oo ka habboon, waxa aad dhufatay shookaanta baabuurka noloshaada, waxa aanad ku leexisay jidka guusha. Mar kasta, oo aad wax yar beddesho, wax yar baad qabatay shookaanta, mana dareemaysid. Laakiin haddii aad joogteyso hakinta iyo wax ka beddelka wax kasta oo aad u aratgo in uusan ku anfaceen labada daaroodba, ugu dambeyn, waxa aad cagta saari doontaa jidka guusha adduunka iyo midda liibaanta aakhiro.

Korriin: waad kortay, oo waxa aad u kortay garaad ahaan, jidh ahaan iyo iimaan ahaan. Mar kasta oo aad fekerkaaga wax ka beddesho, wax cusub aad barato, wixii aad baratayna aad dhaqan galiso, caqli ahaan ayaad u kori doontaa. Mar kasta oo aad saxdo dabeecad xun, waxa hagaagi doona oo kobcaya xidhiidhkaaga bulsheed, ganacsi iyo midda qoyseed. Mar kasta oo aad balwad xun deyso, hurddo kugu filan seexato, cunto fayo qabta cunto, haddii aad u baahatana is daaweyso, caafimaadkaaga ayaa horumari doona. Mar wal oo aad joogteyso Alle bariga, toobadda iyo xusidda Rabbi, isla markaana wanaajiso, iimaan ahaan ayaad u kori doontaa.

Sidaa daraaddeed, isbeddalku waa billawga horumarka. Si kale, horumar ma jirayo, haddii aan wax la beddelin. Isbeddel kasta se horumar ma keeno; sababtoo ah, isbeddelka taban dib-u-dhac buu keenaa. Soomaalidu waxa ay tidhaa "Lagu doori habaarna way noqotaa, ducana way noqotaa". Kolba waa sida aad ula jeedday. Doorsoonka uu qofku naftiisa wax ka mida doorinayaana, kolba waa sidii uu doortay isagu/iyadu. Waxa jira qof lagu yaqaannay wanaag badan, oo isbeddelay, iskuna beddelay dhanka liita. Waxa kale, oo jira qof xumaan lagu bartay, balse mar dambe naftiisa wax ka beddelay, una dooriyay dhanka wanaagsan.

QAACIIDO ISBEDDEL:

Isbeddel=Horumar ama Dib u dhac

ISBEDDEL= BILLAABID + JOOJIN+ KORDHIN+YAREYN

(Wax la billaabay + wax la joojiyay + wax la kordhiyay + wax la dhimay) mid, laba, saddex ka mida, ama dhammaan.

HORUMAR= ISBEDDEL TOGAN

(Waxa la billaabay iyo waxa la kordhiyayba, waa wax wanaagsan; waxa la joojiyay iyo waxa la dhimayna waa wax xun)

DIB-U-DHAC= ISBEDDEL TABAN

(Waxa la billaabay iyo waxa la kordhiyayba, waa wax liitay; waxa la joojiyay iyo waxa la dhimayna waa wax wanaagsanaa)

"Horumarku wuxu ka mid yahay is-beddelka togan. Haddii aad aragto qof, koox, dal ama shirkad horumar sameeyeyay, waxa sababay isbeddel ay la yimaaddeen; ka soo horjeedkuna waa la mid"

Waxa aad isku beddeshay isla shay kaliya ayuu noqon karaa, sida: oofinta ballamaha ayaad ku liidatay, markaas ayaad joojisay dhaqankaa liitay, waxa aanad ku beddeshay dhaqan ah, in aad ilaaliso ballamaha. Wax baad saxday, ama toosisay. Sidoo kale, waxa aad isku beddeshay wuxu noqon karaa laba wax oo kala geddisan. Tusaale ahaan, in aad joojisay balwad xun, sida qaadka ama in aad baraha-bulshada waqti badan ku jirto, adiga oo ku beddelay akhrinta Qur'aanka iyo buugta kale ee manfaca leh. Caado xun, ayaad mid wanaagsan ku beddeshay.

 Buuggan gudihiisa, waxa aynu dul istaagi doonnaa lix tallaabo, oo haddii aynu qaadno, isbeddelka inoo dhib yareyn kara, ama la odhan karo, dadka hore isku beddelay waa ay qaadeen, iyagoo ka war qaba, ama aan ka war qabin. Waxa ay kala yihiin:

> Tallaabada 1aad: Feker Toolmoon
> Tallaabada 2aad: Sabab Isbeddel
> Tallaabada 3aad: Go'aan Qaadasho
> Tallaabada 4aad: Iskaashi
> Tallaabada 5aad: Is-xisaabin
> Tallaabada 6aad: Dhabar-adayg

1

Tallaabada koowaad:

FEKER TOOLMOON

"Ugu horreyn, fekerkoo wax laga beddelaa, waa billawga kala guurka nolosha. Heerka iyo halka loo diga-roganayaana waxa ay ku xidhantahay habka fekerka wax looga beddelay—si yar misa si weyn, si togan mise taban"

—Ibraahin-Waaberi

AWOODDA FEKERKA

Isbeddelku waa laba nooc: mid muuqda oo dadku kula arkayo, iyo mid aan muuqan oo adiga kuu gaar ah. Midka gaarka ah ayaa keena midka guud ee dadka kalana u muuqda. Ka muuqda waxa ka mid ah: isbeddel ku yimaadda maalka, shaqada, jidhka iyo wax soo saarka. Kuwa aan muuqanna waxa ka mid ah: isbeddel ku yimaadda qiyamta, kalsoonida, rabitaanka, hanka, riyada, dhiirranaanta, iimaanka iyo fekerka. Isbeddel kasta, oo muuqdaa inta uu le'eg yahay, guul iyo guul darro midka uu yahay, waxa ay ku xidhantahay isbeddelka aan muuqan sida uu ahaa. Kuwa muuqdaa waa natiijadii ka timid kuwa aan muuqan. Habka aad u fekerayso ayaa keena sida aad u dhaqmayso; dhaqankana waxa ka dhasha natiijada.

> Habka aad u fekerayso ayaa keena, sida aad u dhaqmayso; dhaqankana waxa ka dhasha natiijada.

Si aan caadi ahayn haddii aad u fekerto, waxa aad heli kartaa wax aan caadi ahayn, si hoose marka aad u fekertana, wax liita. Si xun haddii aad u fekerto wax xun baad kasban doontaa, si wanaagsanna natiijadu waxa ay noqon doontaa mid qurux badan. Hab fekerkaaga iyo gudahaaga oo aad si togan wax uga beddeshaa, waa tallaabo kuu horseedaysa horumar iyo guul.

Awoodda fekerku ma aha mid la yareysan karo — waxa la odhan karaa waa midda kala kaxaysay dadka.

3

Haddii aynu wax yar ka taabanno qaar ka mid ah natiijooyinka fekerka, waxa ka mid ah:

Ganacsi: adduunyada waxa ganacsi ka socda, haddii ay tahay shirkado waaweyn iyo kuwa yaryar, intuba waxa ay ka billaabmeen feker qof, ka dibna hirgalay.

Horumar: horumarka keenay, dhismaha, gaadiidka casriga ah, iyo farsamooyinka lagu wada xidhiidho, dhammaan waa natiijada fekrado la sii kobciyasy.

Xal: dhibaatooyinka maalin walba adduunka taagan, haddii ay tahay mid caafimaad, mid dagaal, mid abaareed, mid qof, mid qoys, mid qaran iyo mid qaaradeed intaba, waxa isku hawla dad kala duwan, kuwaas oo qofba ama cidba isku dayayso inta ku aaddan inay ka fekeraan xalkeeda.

Awoodda fekerku ma aha mid had iyo goor dhanka wanaagsan u socota, waa middi laba af leh. Waxa jira kuwa hadh iyo habeen fekeraaya, laakiin xumaan ku hawllan, waxa ay qorsheeyaan iyo natiijadooduna tahay dil, dhac, iskudir iyo guri la dumiyo. Sidaa daraaddeed, waa doorasho qofka u taal sida uu fekerkiisa u adeegsanayo. Awoodda fekerku waa midda dunida kala horumarisay, ee ka kala dhigtay kuwo horumaray, kuwa soo socda, iyo kuwa dib u dhacay.

Feker guud iyo mid shaqsi: su'aashu waxa ay tahay, dalalka horumaray dhammaan dadkoodu miyay ka feker wanaagsan yihiin, kana nolol qurux badanyihiin kuwa dib u dhacay dadkooda, dhammaantood? Jawaabtu waa "Maya"! Dad yar, oo aad u kooban ayaa fekeray, sababna u ah horumarka dal gaadhay. Waxa jira malaayiin ku nool waddammada dib-dhacay, oo ka feker sarreeya, kana nolol wanaagsan, malaayiin ku nool kuwa horumaray.

> "Wax kasta, oo maskaxdu qaadi karto, rumeysatana, waa la gaadhi karaa".
>
> *-Napoleon Hill*

Halkaana waxa aynu kala soo baxaynaa, in horumarkaaga iyo isbeddelkaaga shaqsi ahaaneed, aanad marna cudurdaar uga dhigan in aad ku nooshahay dal dib-u-dacay, oo aad mar walba niyadda ku hayso in kuwaas horumarka gaadhay in yar oo ka mid ah oo iyagu isbeddelay, fekerkoodana kor u qaaday, sabab u noqdeen heerkaas ay gaadheen. Waxa jirta odhaah uu leeyahay *Napoleon Hill*, oo tidhaahda, "Wax kasta, oo maskaxdu qaadi karto, rumeysatana, waa la gaadhi karaa". Marnaba ha yarysan awoodda fekerkaaga shaqsi ahaaneed. Isaga ayaa noloshaada qaabeyn kara, dalkaagana aad uga qayb qaadan kartaa horusocodkiisa.

Waxa jira xeer ka mid ah xeerarka guusha, oo la yidhaahdo "Xeerka isu dhignaashaha"--*(The law of correspondence)*. Xeerkani wuxu sheegaa: "waxa gudahaaga ku jira, ee aad aaminsantahay, ku qanacsantahay, fekerkiisuna kugu soo noqnoqdo; isla waxaas wax u dhigma ayuun bay dadku kaala kulmi, kugu arki doonaan, natiijadaaduna noqon doontaa. Sida aad u beddesho kaas gudaha, ayuun buu kan dibadduna iskula beddelayaa, xumaan iyo wanaag; tabnaan iyo tognaan, midda ay

5

tahayba". Tusaale ahaan, aqoonta aad baratay, diyaar-garawgaaga iyo waayo-aragnimada aad leedahay waxa ay isu dhigmaan, shaqada aad hayso, sida aad u qabato iyo dhaqaalaha ku soo galaya. Sidoo kale, shaqsiyaddaada, maan-haggaaga, dabeecaddaada iyo hiwaayadaadu waxa ay u dhigmi doonaan dadka aad la saaxiibayso iyo xidhiidhadaada.

Xajmiga fekerkaagu inta uu leegyahay, ayuu hankaagu gaadhaa, hankaagu inta uu gaadhana waad hanan kartaa. Haddii aad si weyn u fekerto, waxa ay ka dhigantahay in aad wax weyn ku hammido, guushaaduna waxa ay ku dhererantahay halka uu gaadhsiisanyahay hankaagu. Qofka oo inta naftiisa iyo awoodaha Alle (swt) siiyay rumeystaa, waa midda u suurta galin karta in waxa uu u dhaqaaqo natiijo wanaagsan ka gaadhi karo, waayo wuxu rumeysanyahay, marba haddii qof la mid ahi hore u sameeyay in uu isna sameyn karo. Haddii aad aaminto in aanad miisaan iska ridi karin, ma kartid, waayo maba rumeysnid. Ugu horreyn, waa in aad fekerkaaga wax ka beddesho, oo aad rumeysato in aad sameyn karto, ka dibna isku daydo, waxa la arkaa adoo ridaye. Waa ta keentay, in dawlad Muslim ahi adduunka ugu quwad weynayd waqti ka mid ah waqtiyada, waayo iyagoo taag daran ayay rumeysteen in ay dawladihii xilligaa ugu quwadda weynaa ay furanayaan. Waana taas tii suurta galisay in markii u horreysay qof aadane ahi korka uga baxo buurta adduunka ugu dheer ee *Everest,* sababtoo ah iyadoo hortii dad ku naf waayeen, ayuu wali rumeysnaa in uu fuuli karo. Waa ta keentay, aadane in uu duulo, markii uu awoodi waayayna, sameeyo wax lagu duuli karo, waayo in la duuli karo ayay rumeysteen, wax lagu duulaba.

6

Fekerku isaga ayaa dhala qanaacada. Wixii maskaxdaada ku weyn, kana daaddaga ayuunbaad qaadan, kuna dhaqmi doontaa. Waa hubaal qof nooli in uu mar walba fekerayo — fekerku noloshuu ka mid yahay.

Midka se aynu jidkiisa rabnaa, waa midka isbeddel qof iyo mid ummadba horseeda. Waa fekerka sare, ee shaqsiyaad, shirkado iyo dalalba kala kaxeeya.

Sidaa daraaddeed, waxa jira waxyaabo sababa iyo jid isbeddelku u soo mari karo fekerka. Jidadkaas oo noqon kara, fursado ku soo maray, kuwo duruuftu kugu qasabtay, iyo kuwa aad adigu abuuratay, intaba.

7

JIDKA FEKERKA

Had iyo jeer aadanuhu iskuma hawlo in uu fekerka ka dhigo mid xor ah, shaqsi ah, isla markaana baraarugsan. Wuxu se u badanyahay, feker-bulsheed *(Social thinking)*, oo ah in dadka lala feker ahaado, oo iyaguun lala jaan qaado. Dadka aad la jaanqaadaysaa, haddii ay sidii ugu wanaagsanayd u fekerayaan, waxba ma ay ahaateen in la isla socdo goor walba. Laakiin waxa hubaal ah, haddii dadka in ka mid ahi aanay iyagu ugu horreyn hab-fekerkooda wax ka beddelin, isbeddelka guud ee dadkaasi, in uusan suurta galeyn, waliba laga yaabo in ay dib-u-dhacaan.

Maxaa sababa in hab-fekerku isbeddelo? Fekerkaas sare wuxu noqon karaa mid Alle kuugu ilhaamiyay si toos ah, oo bilaa sabab ah, kaas oo kuu horseeda isbeddel togan. Waxa kale oo uu noqon karaa mid Alle cid kale sabab kaaga dhigay, kalaguur noloshaada ku yimid. Alle (swt) isagaa inoo sheegay in uu wax walba sabab u yeelay. Saddex siyaabood ayay dadku inta badan ku helaan isbeddellada gudaha iyo fekerka, waxa ayna kala yihiin:

- Dhiirrigalin
- Saameyn, iyo
- Dhibaato

1. Dhiirrigalin: dhiirrigalintu waa hab lagu heli karo jidka isbeddel ee gudaha. Dhiirrigalinta waxa ka mid ah hadal iyo guubaabo, garab ku taageera, abaal-marin iyo dhiirrigalin gudahaaga ka timid, intaba.

Guubaabo: waxa ay noqon kartaa dhiirrigalin hadal uun ah, sida qof ku guubaabiyay, kuna yidhi "waad qaban kartaa, ha niyad jabin...iwm". Waxa aad ka dhex heli kartaa talo toos ah, muxaadiro la jeediyay iyo weedh qoran. Sidaa daraaddeed, marna ha yareysan awoodda xikmadda qoran iyo midda la jeediyo, labadaba.

Garab ku taageera: qofku wuxu qof kale u dhiirrigalin karaa, dhaqaale. Sidoo kale, waxa ay noqon kartaa ficil ahaan in aad hesho qof ama koox dad ah oo garabkaaga taagan, isla markaana aad isku halleyso.

Abaalmarin: dhiirrigalinta kuwa ugu saameynta badan waxa ka mid ah, marka qof wax ka mid ah dadaalkiisu midha dhalo, ama uu kaalin wanaagsan tartan ka galo, ka dibna si guud xaflad ama dad hortood iyo si gaar ahba loo maamuso.

Guubaabada, garabka iyo abaalmarinta, intuba, waxa ay ku siinayaan xammaasad, kalsooni, dhiirrinnaan iyo dardar cusub, taas oo kuu horseedi karta isbeddel feker, iskuday iyo koboc aad sameyso, dhan walba.

Dhiirri-galinta gudaha: dhiirrigalintu kaliya ma aha in ay dad kale ka timaaddo. Waxa kale oo ay ka iman kartaa gudahaaga. Adigaa is dhiirrigalin kara, isna niyadjabin kara. Haddii marka aad guulaysato, xammaasadda iyo dadaalka aad sii badiso, waxa ku dhiirri galiyay guusha. Sidoo kale, haddii marka aad khasaarto aad quusatana, adiga ayaa is niyad-jabiyay, oo natiijada dadaalkaaga ka ficil qaatay. Dhiirrigalin midda ugu mudan uguna awoodda badani, waa ta uu qofku isagu is dhiirrigaliyo, waayo kuwa bannaanka kaaga imanaya, ee aynu sheegnay, ma aha wax aad mar walba isku hubto, gaar ahaan marka aad billawga tahay; iska daa in aad hesho kuwaas, ee waxa dhici karta, in waxa ku niyadjabiyaa mar walba ka bato waxa ku dhiirrigaliya.

Dhiirri galinta guduhuna waa dhawr qaybood, oo kala ah: mid aad ka hesho guusha iyo ka salgaadhidda hawl aad haysay; mid aad adeegsanyso codkaaga gudaha, adiga oo la hadlaya naftaada oo ku odhanaya "kartideedii waan leeyahay, waanaan sameyn karaa, *bi'idnilaah*"; mid ah sababta ka dambeysa isbeddelkaaga iyo hanka aad higsanayso. Inta badan, waa aynu naqaannaa waxa aynu rabno in aynu sameynno, iyo sidii loo sameyn lahaa, midda se labadaba ka mihiimsan waa in aynu ogsoonnay sababta. Dhiirri galinna sababta oo aad hesho ayaa ugu mudan; *faahfaahin, Tallaabada 2aad.*

2. Saameyn: waxa dhici karta in jidka dhiirrigalinta aanad helin, ama uu kugu filnaan waayo, oo aad u baahato kaabid—jidka saameynta ayuu noqon karaa, ka labaad. Saameyntu qasab ma aha, in ay hadal, ama wax qoran uun noqoto, isagoon qofku kuu jeedin khudbad, talana ku siin, adoon buug akhriyin, muuqaalna dhagaysan, ayaa qof dhaqankiisa, dabeecadihiisa, iyo dadaalkiisu sabab u noqon karaan in aad isbeddesho, waana sababta dadku u noqon ogyihiin ama iskaga dhigi ogyihiin dadka ay aadka ugu xidhanyihiin, ee nolosha tusaalaha ugu ah.

Haddii qofku atoore filimada matala, aad ugu xidhanyahay, wuxuun buu is arki isagoo u fekeraya ama u dhaqmaya sidii atoorahaas, ha is moodo isagu, ama dhab ahaan haba noqdee. Sidoo kale, haddii uu qofku culimada aad ugu xidhmo, wuxuun buu is arki doonaa isagoo wadaad niyadda ka ah, ama dhab ahaan wadaad noqday. Waxa qofka noloshiisa saameyn kara waalidkiisa, saaxiibkii, macallinkiisa iyo dhammaan cid kasta oo uu xidhiidh toos ah ama dadban la yeesho. Macnaha saaxiib ma aha uun, saaxiibka gaarka ah. Wuxu noqon karaa, cidda aad si dadban saaxiib ula tahay ee aad ku xidhantahay, taageero u hayso, ama jeceshahay, ha ahaado mid dhintay ama mid nool; mid aad taqaan ama mid aanad aqoon, intaba. Waana sababta Alle (swc) innoogu tilmaamay nolosha guud ahaan cidda tusaale innoogu ah, ee ay tahay in aynu ku dayanno, sida aayaddan Qur'aanka ahi inoo tilmaantay: *"Xaqiiqdii, waxaa idinku sugnaatay Rasuulka illaahay ku dayasho wanaagsan"*. Sidaa daraaddeed, ayay muhiim u tahay had iyo goor in aad is weydiiso cidda aad ku xidhantahay, waqti ku bixiso, ku dayato — kuwaas uunbaad noqon.

Si aad u noqoto waxa aad jeceshahay, dadkeeda raadso, ku dayo, raadkoodana qaad, waxa suurta gal ah, in ay noloshaada saameeyaan, oo ay sabab u noqdaan

11

isbeddelkaaga. Is weydii, adiga laftaadu, in aad qof kale noloshiisa saameyn karto. Fekerkaaga, akhlaaqdaada iyo hankaaga oo kaliya ayaad cid ku saameyn kartaa, ama adiga lagugu saameyn karaa.

Tusaale ahaan, Islaamku dhawr si buu ku faafay. Haddii aynu laba ka mid ah soo qaadanno: **dacwad toos ah** oo in qof daaci ahi uu qof aan muslim ahayn diinta ugu yeedho, iyo **dacwad aan toos ahayn** oo dad muslimiin ah ayaa arrimo ganacsi u tagay dalal kale, markaas ayay dadkii jeclaysteen aaminaaddoodii iyo dhaqankoodii, ka dibna waxa ay jeclaysteen diinta ay dadkani haystaan in ay wax ka ogaadaan, sidaas ayaanay dad badani ku soo islaameen.

Wax badan, oo saameynta ka mid ah waxa aynu ugu tagi doonnaa tallaabada afaraad. Waxa se jira jid kale, oo in fekerka wax iska beddelaan ku gaadhsiin kara ee tolow muxuu yahay isna?

3. Dhibaato: dhibaatooyinka dadku la kulmi karaan, waa kuwo kala duwan, heer ahaan iyo nooc ahaanba. Rabbi ha innaga ilaasho dhibka e, markuu se kula damco laba mid weeye: ta koobaad, *ciqaab*. Ciqaabtuna waa mid hordhac u ah ta dambe, ama waa mid dambi lagaaga khafiifinayo. Ta labaad, waxa kale oo uu dhibku noqon karaa, *fursad*. Qofka ka faa'iideysta furasaddaasina, wuxuu midhaheeda u aayi doonaa adduun iyo aakhiro labadaba, *bi'idnillaah*.

Sideedaba, dhammaan jidadkan, haddii ay tahay midka dhiirrigalinta, ka saameynta iyo kan hadda aynu ka hadli doonno, ee dhibka ma aha qasab in aad adigu doorato: in badan iyada oo aan lagaala tashan ayaad arki doontaa iyadoo lagu dhiirrigalinayo, saameyn lagugu yeeshay, dhibna aad la kulantay. Dhibku inta uu doono ha leekaado, nooca uu doonana ha noqdo, waa waxa ugu badan ee sababa isbeddellada aan caadiga ahayn, ee keena guulaha waaweyn iyo guul-darrooyinka labadaba. Tusaale ahaan, dhibka uu qof la kulmi karo waxa ka mid noqon kara:

- Qof ku soo barbaaray agoon iyo rajeynimo.
- Qof dhaqaale haystay oo khasaaray, si kadis ah.
- Kuwo la kulmay dagaallo, qaxoonti iyo barakac.
- Qof lagula kacay khayaano, ama la dulmiyay.
- Waxa sidoo kale dhici karta, in qof intan ama kuwo la mid ah, laba ama ka badan, hal mar wada qabsan karaan, xilliyo kala duwan ama isku mid ah.

Haddii wali intan wax ka mid ah, ama la mid ah, aanad la kulmin, waxa laga yaabaa dad badan oo aad garanayso in ay jiraan oo xaaladahan ku jira ama soo maray. Laakiin marka laga yimaaddo, in noloshuba imtaxaan tahay, oo gaal iyo muslimba mari karaan xaaladahan iyo kuwa ka sii liitaba, xikmad kale ayaa ku jirta, oo ah fursad isbeddel. Had iyo jeer qofka marka ay wax walba iskugu toosanyihiin, nimcooyin badanna uu haysto, jaaniska uu kaga fekerayo in uu u baahanyahay isbeddel, waa mid aad u yar, naftiisa oo is mahadisay darteed iyo isagoo is leh iskudayga qaarkii waad ku sii khasaari doontaa.

Halka qofku marka uu tirsado dhib la taaban karo, aanay waxba la ahayn, iskuday kasta oo uu sameeyo khasaaraha kaga soo noqon kara, waayo awalba xanuun kuma yarayn. Qofku badi ma jecla in uu ka baxo goobada xasilloon *(Comfort zone)*. Laakiin haddii aanu kuba jirin, fursad kaste oo uu riyadiisa ku rumeyn karo wuu raadiyaa, laba dhagax dhexdoodna ha ku jirtee. Waanaa taas, mid ka mid ah sababta dadka guulaha loo tiriyo badi looga helo dhibaatooyin in ay la soo kulmeen, xilli noloshooda ka mid ahaa. Sidoo kale, xaaladdan xanuunka ahi waxa ay leedahay waji kale, oo khatartiisa leh, kaas oo ah, haddii uu qofku hore u waayo jiho dhanka guusha, horumarka, iyo wanaagga ah, in laga yaabo in shaydaanka iyo saaxiibbada xuni ugu yeedhaan dhanka kale ee xumaanta, sharka iyo macsida, waayo isagu wuxu rabaa uun in uu ka baxo xaaladdan xanuunka badan, ee agoonnimada, faqriga, gaajada ama dulmiga ah. Markaa haddii uu daroogada iyo wax la mid ah barto, naftiisa ayaa xasilaysa, wuxuuna helayaa farxad khayaali ah.

Warwarkii oo dhan ayuu hilmaamaya, xanuunkiina wuxu isku beddelayaa raaxo khayaali ah. Haddii se uu ka adkaado naftiisa, wuxu ka fiicnaan karaa kuwa aan waligoodba xannuun arag, oo nolol xasilloon iskaga jiray, sababtoo ah fursado badan oo mar walba hareeraheenna dhooban, balse aynaan diyaar u ahayn, ayay iyagu ka faa'iideystaan, waana sababta dadkaasi guusha ay heer uga gaadhi ogyihiin, haddii ay tahay in ay adduunka wax ku soo kordhiyaan, haddii ay tahay in ay hoggaamiyayaal saameyn leh noqdaan, haddii ay tahay in ay hanti yeeshaan iyo haddii ay tahay in ay tacliin heer ka gaadhaan, intaba.

Dhibaatada iyo caqabadaha noloshu, kaliya, ma keenaan isbeddel kuu horseeda guul adduun, waxa ugu mudani

14

waa liibaanta aakhiro, oo ay sababi karaan. Waa marka Alle addoonkiisa imtaxaamo, isna uu ku sabro. Sabirkaas weeyaan midkan laga dhaxlayo dhibka, ee guusha lagu helayo. Qofku marka aanu wax caqabad ah nolosha kala kulmin, waxa saaran dahaadh, kaas oo ka qarinaya wax badan oo naftiisa ka mid ah. Markaas buu ku sifoobaa, jil-jileec, dabeecad xumi, xaasidnimo, waqti lumis, iwm. Wax caadi ah ayay la noqotay, mana is oga marka uu falalkan iyo dhaqammada noocan ah ku kacayo. Waxa laga yaabaa marka uu la kulmo imtixaannada Rabbi, in uu ku carbismo, kuna barto dulqaadka, wax bixinta, dad la dhaqanka iyo wax badan oo door weyn ka qaata guusha adduun iyo midda aakhiraba.

Muhiimaddu waxa ay tahay, u fiirso haddii ay jirto dhibaato hore kuu soo martay, waxa suurta gal ah, in aanad dareensanayn laaakiin dhibkaas wax badan aad ka baratay, oo aanad waligaa iskuul kale ka dhigateen. Ku Samir, kana faa'iidayso duruusta iyo baraarugga ku dhex sugan, ma ogid, mana qiyaasi kartid goorta ay ku anfaci doonaan iyo heerka ay kor kuu qaadi doonaan, feker ahaan iyo qof ahaan.

Saddexda jid ee fekerka isbeddelka lagu helaa, intuba, waa middiyo laba af leh, oo ay tahay qofku in uu ka taxaddaro, dhugmana u yeesho, midda uu ku suganyahay. Tusaale ahaan **dhiirrigalin** afkeeda wanaagsani waa xammaasad galinta, afkeeda xunna waa isdhigashada. **Saameyn** afkeeda wanaagsani waa raadeynta togan, afkeeda xunna waa ku dayashada liidata. **Dhibaatada** dhinaceeda wanaagsani waa marka aad ku samirto, awoodda xanuunkana aad u adeegsato guushaada, afkeeda tabanna waa marka aad ku samri waydo, naftana aad ku qaboojiso aarsasho, xaasidnimo, xumaan iyo balwad

15

NOOCYADA FEKERKA

Hab-feker taban: waa marka uu qof wax kasta ka eego dhanka liita ama hooseysa, ka hor dhinaca wanaagsan. Saadaashiisu mar walba waa mid aanay abdo ka muuqan. Waana qof si fudud isu dhiiba, tagtadana ka shiidaal qaata inteedii xumeyd, isla markaana wali la nool murugadii iyo calool xumadii ay ku reebtay. Marka ay wax ka qaldamaan, ama lagu qaldamana wuu buunbuuniyaa, wuxuuna ka soo qaadaa sidii wax aan waligii ka hadhayn oo kale.

Hab-feker togan: waa qof dhanka wanaagsan wax kasta ka eega, ka hor dhinaca xun, saadaashiisuna rajo wanaagsan muujiso. Waa mid tagtada ka soo qaata inteedii wacnayd, inta kalana wax ka barta, horana aan u quusan, isuna dhiibin nolosha. Haddii qalad ka dhaco, ama lagu sameeyo, markaba weynaysada ma saaro. Haddii ay isaga/iyada tahayna wuu sixi qaladkaa, haddii ay qof kale tahayna, cudurdaar ayuu u sameeyaa, horana wuu ka cafiyaa.

Tognaanta macnaheedu ma aha mid ka madhan tabnaan, waxa se muhiim ah in ay tahay mid waaqici ah, lana xakamyn karo, oo aan raad xun, dib-u-dhac iyo cuqdad kugu reebayn. Marka aad si qaldan u fekerto, judhaba in aad is weydiin karto waxa ka dhalan kara fekerkaa taban iyo dhab ahaan xajmiga waxaasi inta uu leegyay.

Dhugashada waxa taban:
Nin baa u yimid nin dhakhtar ah, oo ay saaxiib ahaayeen.
Salaan ka dib, waa ay is wareysteen.

- **Ninkii**: Dr, wax kasta waan khasaaray, oo dhibaato iyo guuldarro tii ugu weynayd ayaa ila soo daristay.
- **Digtoorkii**: Haa, waan ka xumahay in ay xaaskaagii geeriyootay, Alle ha u naxariisto.
- **Ninkii**: *Naxdin*! Yaa kugu yidhi xaaskaygii ayaa geeriyootay? Way nooshahay, wayna caafimaad qabtaa.
- **Digtoorkii**: Haa, sax. Haddaa waan ka xumahay in kansar kugu dhacay, jidhkaaga oo dhanna ku baahay.
- **Ninkii**: *Yaab kale*! Dr, maxaad ii habaaraysaa, waan caafimaad qabaa, xanuunna iguma dhicin.
- **Digtoorkii**: Horta ka warran, wiilkaagii weynaa ee khamriilaha noqday, ma sidii buu marba jeel u galaa?
- **Ninkii**: *Cadho*! Wiil daroogeyste ah maba dhalin, oo inankaygu waa wadaad, waligiina jeel ma galin. Dr kuma fahmin waxa aad u jeeddo, habaar iyo ballaayo ayaad ii saadinaysaa.
- **Digtoorkii**: Haddaa bal ii warran, illeen waxa aad igu tidhi, dhibkii u weynaa ayaa igu dhacay, ee sidee wax u jiraan"?
- **Ninkii**: (*isagoo xannaaq ka muuqdo*) Maanta in aan kula dagaallamo wax yar ayaan u jiraa. Aniga waxba iguma dhicin, alxamdulillaah, oo ballaayo ma qabo. Kaliya, shaqo yar ayaa la iga soo eryay, taana berriba

17

mid ka wanaagsan waan heli doonaa. Alle wuu ii nimceeyay, wax igu dhacayna ma jiraan".

Hadalkii u horreeyay ee ninku Dr-ka ku salaamay wuxu ahaa, hadal taban, oo ka soo maaxday hab-feker tabnaa, kaas oo ahaa: in dhibaato middii ugu weynayd ku habsatay, gabagabada warkiisana, wareysiga Dr-ka, oo ujeeddeysnaa ka dib, wuxu yidhi "Wax igu dhacay ma jiraan. Alle ayaa ii nimceeyay. Kaliya shaqo yar ayaan waayay, taana berri ayaan heli doonaa". Waa intaa farqiga u dhaxeeya labada hab-feker, ee midna taban yahay, oo ah hadalkaa hore ee ninku yidhi, midina togan yahay, oo ah hadalkiisan u dambeeyay.

Macnuhu ma aha wax qaldan ma jiraan, dhibaatana ma dhacdo, ee waa in aad mar walba niyadda ku hayso in dhibka kugu dhacay aanu ahayn kii ugu cuslaa — goor kasta cid ayaa kaa ayaan daran. Sidoo kale, waa in aad nolosha goor walba filato, mar ay toosan tahay iyo mar ay caqabado jiraan labadaba. Waa in aanad hilmaamin, in dhibku yahay mid addoomada lagu imtaxaamo, haddii lagu sabrana wax weyn lagu heli karo, adduun iyo aakhiraba. Ugu horreyn, beddel gudahaaga, oo ka billaw fekerka: feker sarreeya, oo togan isla markaana waaqici ah. Feker xalka raadiya, oo aan dhibka uun ku eekaan. Feker inta wanaagsan kugu dara. Feker dulmiga kuu diida. Feker adeega, oo aan anaani kaa dhigin.

Waxa jira buug ay qortay *Carol S. Dweck,* oo la yidhaahdo *Mindset.* Waxa ay laba qaybood u qaybisay garaadka aadanaha iyo sida uu ula fal-galo nolosha iyo deegaanka ku xeeran, haddii ay tahay ganacsi, waxbarasho, ciyaar-

18

jidheed, barbaarin iyo cilaaqaad, intaba. Labada qaybood waxa ay kala yihiin:

1. Maan xidhan *(Fixed minded)* iyo
2. Maan furan *(Growth minded)*

Maanka xidhan: waa maskax xidhan, waxa ayna ka xidhantahay korriinka, isbeddelka, iyo horumarka, laba sababoodba: sababta koobaad waxa ay noqon kartaa in uu yahay qof isu haysta mid caqli badan, hibooyin gaar ahna leh, oo aan u baahnayn in uu is dhibo, dadaal badanna bixiyo. Haddii uu isku dayo xataa, in uu dadaal galiyo, uma dulqaato, waqtiga oo ku dheeraada iyo caqabadaha ka hor yimaadda awgood. Hore ayuu ka niyadjabi doonaa, farahana wuu ka qaadi doonaa waxaas uu hayo.

Sababta labaad waxay noqon kartaaqof iskuba maleynaya marka horaba in uu yahay qof caqli liita, oo aan karti lahayn. Barnaamijyada caqligiisa ku keydsan ayaa ah kuwo taban, oo u diidaya in uu adeegsado awoodaha Rabbi ku mannaystay.

Maanka furan: waa maskax furan, oo korriinka, barashada, isbeddelka, iyo guusha u furan. Waa qof marka horaba ogsoon in uusan dadka ka caqli badnayn, haddii xataa sidaa loo sheego, laguna yidhaahdo waxa aad tahay qof hibooyin gaar ah leh oo dadka ka maskax badan, isagu taas iskuma halleeyo. Wuxu ku qanacsanyahay in uu nolosha arday u yahay mar walba. Mar kasta oo aqoontiisu siyaaddo, waa mar kasta oo uu ogaado in uu jaahil yahay.

Sidoo kale, haddii hore loogu shaambadeeyay tilmaamo muujinaya in uu yahay doqon garaad liita, wuu iska

19

masaxaa, kana dul tallaabsadaa. Wuxuu ku qancaa, rumeynta waxaas lagu sheegay iyo beeninteedu in ay isaga u taal, go'aankeedana uu leeyahay.

Fashilka, caqabadaha, daalka iyo waqtiga oo ku dheeraada, intaasi midna kama joojiyo dadaalkiisa. Dhawr arrimood ayaa guushooda u sabab ah dadka maanka furan: dadaalka badan, dulqaadka, isdhuldhigga, kalsoonida. Astaamahani waa kuwa u suurta galiya iskudayga cusub iyo koboca joogtada ah. Marka aad gudahaaga iyo sida aad u fekerayso wax ka soo beddesho, nolosha inteeda muuqataa waxay isla beddeli doontaa kacdoonkaa gudeed ee aad sameysay.

Beddel, ugu horreyn, sida aad u fekerayso, inta aanad muuqaaga wax ka beddelin. Adigu isbeddel, inta aanad qof kale is odhan beddel.

ISBEDDELKA GUDAHA

Fekerku wuxu ugu horreeyaa isbeddelka gudaha. Inta lagu gudo jiro doorsoonka gudeed, ee aan loo soo gudbin midka bannaanka ee muuqda, waxa jira arrimo kale oo ku sii xidhiidhsan fekerka, dhammaanna gudaha ku eg. Aynu u taxno sida ay u kala horreeyaan:

Fekerka: heerka koobaad waa *fekerka*. Marka aad ugu horreyn fekerkaaga wax ka beddesho, waxaasi wuxu doono ha noqdee, sida aad doontana aad uga beddeshide, muddo ka dib, marka uu fekerkaasi soo noqnoqdo, waad ku qanci doontaa. Mar haddii aad ku qanacdana, waxa aad u gudbi doontaa heerka xiga, oo ah aaminaad *(Rumeyn)*.

Rumaysasho: wax baad si u rumeysnayd, imakana si kale, ama wax aan markii hore xisaabtaba kuugu jirin, ayaad imaka ku qanacday. Waxaasi wuxu doono ha noqdee, mar haddii aad aamintay, waxaad gali doontaa heer kale, oo ah *filasho*.

Filasho: kolba inta aad aamintay ayay filashadaadu noqon doontaa. Waxa aad wax ka filatay wax, meel, ama qof, laga yaabo markii hore in aanad iskuba halleyseen, ka dib markii aad aamintay. Mar haddii filasho timaaddo, waxa aad judhaba gali doontaa heerka xiga, oo ah *Maan-hag*.

Maan-hag: filashadii timid darteed, ayaa keentay in ciddii ama meeshii aad wax ka filanaysay dareen ku aaddan kugu dhasho. Dareenkaasina wuxu noqon karaa mid taban ama

21

mid togan, taas oo ku xidhan kolba wixii aad filanaysay iyo waxa aad la kulantay ama sida ay ahayd/jeclayd in ay noqoto; ka dib, waxa aad u gudbi heerka xiga, oo ah *hab-dhaqan*.

Hab-dhaqan: maan-haggii waxa ka dhashay in aad tallaabo qaaddo. Tallaabadaasi waxa ay noqon kartaa mid hadal ama ficil ah. Hab-dhaqanka wanaagsani wuxu ka yimid maan-hag togan, midka liitaana maan-hag taban. Mar haddii ficil ama hadal kaa soo baxayna, waxa xigaya *natiijo*.

Natiijo: nooca natiijada aad la kulmi doontaa waxa ay ku xidhantahay kolba nooca hab-dhaqankaagu sida uu ahaa. Mar haddii hab-dhaqankaagii wax iska beddeleen, waxa isla beddelaya natiijada aad helayso. Sida aad beertaada ula dhaqanto, ayuun bay midho kuugu soo saari doontaa. Ka dib, waxaad u gudbi heerka ugu dambeeya, oo ah *nolol*.

Nolol: noloshaada ayay wax iska beddeli doonaan. Natiijada cusubi waxa ay saameyn doontaa noloshaada. Waana isbeddelka buuggu guud ahaan ku saabsanyahay — mid korriin iyo mid weecasho; mid taban ama mid togan, intaba.

Isbeddelka guduhu, wuxu ka billawdaa fekerka waxaana uu ku dambeeya natiijada. Sidaa ay u kala horreeyaan ayuun bay isugu xigaan, oo midba ka kale ayuu saameeyaa, sababna u yahay isbeddelkiisa.

Buuggu se wuxu ku saabsanyahay, isbeddelka iyo horumarka guud ee qof sameeyo, tallaabooyinka ay tahay in la qaado, mid gudeed iyo mid dibaddeed, labadaba. Tallaabooyinka buuggu ka hadlayaana, qasab ma aha inay u kala horreeyaan sida kuwan guduhu u kala hoorreeyaan.

Tusaale ahaan tallaabooyinka hadhay, kuwa ka mid ahi, fekerka wax bay ka beddeli karaan, sida tallaabada iskaashiga iyo tallaabada is-xisaabinta. Cidda aad is kaashanaysaan iyo marka aad naftaada xisaabisay natiijada kuu soo baxdaa, labaduba, waxa ay kugu dhalin karaan hab-feker cusub ama mid hore oo isbeddela. Haddii fekerku isbeddelo, waxa ku xigaya, si isdaba taxan, heerarkii kale ee gudaha ee lahaa qanaacada, maan-hagga iyo filashada. Markaas ayay noloshu, guud ahaan isla beddelaysaa. Waana sababta aan ugu soo horreysiiyay tallaabada fekerka. Aynu soo qaadanno tusaale yar oo kooban, oo inoo sii iftiimiya.

Billawgii qarnigii 20 aad iyo ka hor, khubarada ciyaaruhu ma ay rumeysnayn, in qof aadane ahi ordi karo masaafo dhan "mile" in ka yar afar daqiiqo. Haddaba, taariikhdu

23

markii ay ahayd 6^{dii} May 1954, ayaa nin la odhan jiray Roger Bannister beeniyay arrintaas. Wuxuuna ku orday, 3 daqiiqadood iyo 59.4 ilbidhiqsi.

Arrinta cajiibka ahi waxa weeye, muddo ka yar laba biloood, waxa sidii oo kale ku orday in ka yar 4 daqiiqo nin kale oo la yidhaahdo John Landy. Waxa taas ka sii yaab badnaa, in wixii intaa ka dambeeyay, boqollaal iyo kumannaan orodyahan ay sameeyeen sidaas oo kale.

Su'aashu markaa waxa ay tahay, maxaa isbeddelay? Maxaa intii ka horreysay guusha *Roger* loo awoodi waayay, markii uu isagu sameeyayna ay u noqotay wax iska caadi ah, oo dad badani awoodaan? Waxa isbeddelay feker, kaas oo keenay qanaaco cusub, oo ah in la sameyn karo, mar haddii qof kale sameeyay. Qanaacadiina maan-haggii ayay wax ka beddeshay, oo filashadii ayaa wacnaatay. Markaana waxa xigay ficil iyo dadaal ka duwan kana badan kii hore, taas oo dabadeed keentay natiijada cusub.

Macnaha iyo sababtu waa shiidaalka ugu badan ee keeni kara feker isbeddela, sidoo kalana marka feker isbeddelo, haddii aad judhaba hesho sabab xooggan, waa waxa keenaya ficilka iyo dadaalka dambe. Aynu ugu tagno tallaabada xigta doorka sababtu ay ka ciyaarto isbeddelka.

2

Tallaabada labaad:

SABAB ISBEDDEL

"Labada maalmood ee nolosha ugu muhiimsani waa: maalintii aad dhalatay, iyo maalinta aad ogaato sababtii aad u dhalatay"

-Mark Twain

SU'AALO MUDAN

Wax is weydiintu sideedaba waa mid mudan, waana wax kuu suurta galinaya in aad wax barato, korto iyo in aad isbeddesho. Su'aashu way noocyo badantahay, waxaana lagu kala gartaa bar-billawga, sida: *maxay, sidee, goorma, iyo sabab*. Midda ugu sii mudanna waa su'aasha sababta. *Tallaabada koobaad* waxa aynu ku soo sheegnay, noocyada dhiirri-galiyayaasha. Waxa aynu nidhi, waxa ugu habboon midda gudahaaga ka timaadda, dhiirrigalinta gudahana waxa ugu sii mudan, marka aad sababta garanayso.

Sababtuna waxa ay ku timaaddaa su'aalo joogta ah, sida: waayo ayaad hawshan gaarka ah u dooratay? Waayo ayaad u rabtaa in aad dhaqaale u yeelato? Waayo ayaad wax u baranaysaa? Waayo ayaad wax u akhrinaysaa? Waayo ayaad u kallahdaa subixii? Isbeddel maxaa faa'iido ah oo iigu jira—Alle raalli ma igaga noqonayaa, oo janno ma ku heli karaa? Caafimaad ma ka helayaa? Ubadka iyo reerka ma u wanaagsantahay? Shaqadu ma ku hagaagaysaa? Bulshada tusaale wacan ma u tahay? In aad laab-lakac iyo xammaasad ku qaadday darteed uun u tidhaahdo waan is beddelayaa, iyo in aad wax badan iska weydiiso sababta aad isku beddelayso iyo waxa ay tahay in aad beddesho, waa ay kuu kala saameyn badantahay, go'aan qaadashadana waa ay u kala door roontahay.

Waxa ugu weyn ee kugu riixaya in aad isbeddesho, haddii uu yahay qof kale dartii, lacag darteed iyo wax la mid ah, waa sabab hooseysa. Haddii se macne kale, oo intaa ka ballaadhan jiro, sabab nool ayay noqon kartaa. Mar kasta

27

oo sababtu si fiican kuugu muuqato, waa mar kasta oo hawshu kuu sii dhib yaraato. Hawshaasi ha noqoto mid aad isbeddel togan ku sameynaysay, ama aad hadaf uun ku xaqiijinaysay. Tusaale ahaan, labadii nin ee hindisay diyaaradda ee Orville iyo Wilbur (*Wright Brothers*) kaligood iskuma ay dayin in ay duulaan. Waxa uga horreeyay, oo waqtigooda noolaa nin la odhan jiray Samuel P. Langlsey, kaas oo waliba heystay fursado badan oo ayna iyagu haysan, sida dhaqaale, aqoon, khibrad, taageero, dad aaminsan iyo wax badan oo kale. Wright Brothers intaa midna ma ay haysan, haddana iyagaa duuliyay diyaaraddii ugu horreysay, isna (*Langley*) waa uu quustay, oo waa ka hadhay hammigiisii.

> "Mar kasta oo sababtu si fiican kuugu muuqato, waa mar kasta oo, hawshu kuu sii dhib yaraato"

Dabcan, waxa la odhan karaa sababtooda ayaa kala xoogganayd, oo midna sababta ku riixaysay in uu diyaarad hindiso waxa ay ahayd in uu caan noqdo, midna in uu adduunka wax ka beddelo, dadkana u horseedo horumar. Sidoo kale, hiraalkooda ayaa kala caddaa, oo midna si fiican u qeexnaa, midna aan u qeexnayn. Had iyo jeerna, hiraalka wax-ku-oolka ahi wuxu ka dhashaa sababta wanaagsan. Kolba sababta ku riixaysaa waxa ay tahay, iyo heerka ay gaadhsiisantahay, ayay ku xidhantahay guusha iyo isbeddelka aad gaadhaysaana. Aqoontu sabab ayay ku timaaddaa, waxa se suurta gal ah marka carruurta la yahay in wax loo barto waalidka dartii, marka la weynaadana, inta badan, dhaqaale iyo shaqo darteed ayaa loo sii wadaa illaa heer jaamacadeed; taasina waa midda keenta natiijada ugu badan ee aqoonta ka soo baxdaa in ay noqoto hunguri ama xoogsi. Dadka dunida wax ku soo kordhiyay, dhammaan, ma wada maraan nidaamkaa waxbarasho ee illaa heer jaamacadeed ah. Hal-abuurka iyo raadka wanaagsan ee dunida ay kaga tageen waxa ka dambeeya, sababtooda ayaa ka baaxad weyneyd shaqo iyo cabsi waalid oo kaliya.

Inan baa su'aal iga soo weydiisay Faysbuugga (*facebook*). Waxa ay igu tidhi "Markaan iskuulka dhiganayay, si fiican baan wax u akhriyi jiray, aadna waan u jeclaa wax akhriska. Markii aan dhammeeyay se jaamacaddii, ayaa akhris iigu dambeysay. Wali waan jecelahay akhriskii, laakiin waan iskugu taag la'ahay. Marka aan buug soo qaado, hore ayaan ka caajisayaa, mana sii wadi karo. Ila tali, sideen akhriskii dib ugu soo celin karaa?" Dabcan, gabadhani arrintan kali kuma aha, ee sida loo badanyahay xilliga iskuulka wax akhrisku wuu fududyahay, dulqaadna waa loo leeyahay, laakiin jaamacad ka dib, hoos u dhac ayaa ku yimaadda xiisihii iyo xamaasaddii akhriska.

Jawaabtan ayaan u qoray: "Iskuulka markii aad dhiganaysay, sabab ayaa jirtay kugu dirqinaysay in aad wax akhrido, markii aad dhammeysayna sababtii ayaa meesha ka baxday. Sidaa darteed, hadda kaliya waxa aad u baahantay, in aad sabab cusub abuurato". Sababaha wax akhriska xilliga iskuulka waxa ka mid ah: imtaxaanka la qaado, is-kaashiga ardayda, xafladda qalin-jabinta, shahaadada, rajada shaqada, dhiirrigalinta waalidka. Waxaas oo dhan iyo kuwa kalaba waa sababaha tirada

29

badan ee ka dambeeya in wax la akhriyo waqtiga iskuulka lagu jiro.

Su'aashu waxay tahay, jaamacad ka dib, maxaa isbeddela? Sababahaas oo dhan ayaa meesha ka baxa, nafsi ahaanna qofku wuxu dareemaa in uu gaadhay hadaf suntanaa. Hadafkuna mar haddii uu yahay wax meel ku suntan, la gaadhyaaba la seexay. Waxa ay ahayd marka horaba in manhajka iskuulka lagu daro sida wax loo akhriyo, iskuul dabadii waxa ay tahay in la akhriyo, sida loo sii joogtayn karo, iyo guud ahaan muhiimadda akhriska. Muddo dheer bay shaqsi ahaan igu qaadatay in aan abuurto caado wax akhris iyo sabab xooggan oo aan akhriska u sii joogteeyo. Jaamacadda markii aan dhammeeyay, ugu horreyn dareenkaas ayaan qaatay—in ay muhiim tahay in aan akhriska sii wado. Waxa aan is weydiiyay, maxaa ay tahay in aan akhriyo? Wax kasta, oo i cajab galiya in aan akhriyo, ayaan is tusay. Ma sahlana billawga, waxase muhiim ah, markaba in aad raadsato saaxiibbo iyo kooxo wax akhriya; akhriyana wax ka baxsan casharradii iskuulka. Waxaan ku biiray naadiyo akhris, illaa maantana kama daalo in aan xubin ka ahaado naadi akhris. Waxa aad galaysaa halgan cusub, oo aad ku raadinayso macno xooggan oo aad akhriska ku sii joogteyso. Markaas ayuu dabadeed xiisahu imanayaa. Caado akhris oo cusub ayaa abuurmaysa, isla markaana waxa aad gali doontaa safar ka aqoon durgsan, kana macaan badan midkii iskuulka.

Qasab ma aha, sababta akhrisku in ay isku wada mid noqoto. Wax badanna waa laga simanyahay, sida in aqoonta iyo garaadku kobco, wax badanna waa lagu kala

30

duwanaan karaa. Sidoo kale, qasab ma aha muddada halganku in ay isku mid noqoto. Qof baa laga yaabaa, in uu ku soo barbaaray akhriska, halka mid kalana sidayda jidkaa dheer ee qasabka ah isku baray. Muhiimaddu waa in aad su'aal iska weydiiso, waxa aad rabto, iyo sababta aad u rabto, waxa aad beddelayso iyo sababta aad u beddelayso, iyo waxa aad beddeli kari weyday iyo sababta aad u beddeli kari weyday.

Sababtu maxay tahay? Ma laga yaabaa sababtu in ay tahay, hankaaga oo yar? Misa hibadaadii ayaanaad wali aqoonsan, oo sida ayaad isku beddeli weyday?

HANKA IYO HIBADA

Hanka iyo hibadu waa laba arrimood oo door ka ciyaara sababta isbeddelka. Dadka waxa jira in han hortii hibadooda hela, ka dibna han yeesha, oo heer gaadha. Halka kuwa kalana, aanay helin hibadooda, balse ay lahaayeen uun han sare. Haddii aad hibada hesho, oo aad qanacdo judhaba, halkii ay ahayd in aad ku ladho han sare, waxa meesha ka baxaya rabitaankii isbeddelka iyo guusha, waayo waxa aan jirin sabab xooggan, oo ah hankii.

Hanka: haddii aad rabto, in aad noqoto qof ka duwan qofka aad maanta tahay, waa in aad sameyso wax ka duwan wixii aad sameyn jirtay, una fekerto si ka duwan sidii hore. Sababta guud ee isbeddelka togani waa guul, labada daaroodba ah—sababtaana sabab kale ayaa kugu ridaysa, oo ah hanka. Si kale, haddii hankaagu hooseeyo, isbeddel iyo korriin midna sameyn maysid. Haddii hankaagu sarreeyo se waad isbeddeli doontaa. Sidaa daraaddeed, marka aad han leedahay ee aad rabto in aad hanato, ama aad rabto in aad rumeyso riyadaada, waxa aad ku qasbanaanaysaa isbeddel in aad sameyso.

> Haddii aad rabto, in aad noqoto qof ka duwan qofka aad maanta tahay, waa in aad sameyso wax ka duwan, wixii aad sameyn jirtay, una fekerto si ka duwan sidii hore.

Hanku waa laba nooc: mar uu kuu cadyahay, si fiicanna aad u taqaan wuxu hankaagu yahay, iyo mar aanu si fiican kuugu muuqan. In la gaadho hankana waxa keena kolba sida uu kuugu muuqdo. Mar kasta oo hanku si fiican kuugu sii muuqdo, waxa sii xoogaysanaya rabitaankaaga. Mar haddii uu rabitaankaagu batana, ma daalaysid, mana fadhiisanaysid. Marka aanu hanku kuu caddeyn, waxa ay u badantahay sababta hankaagu in ay tahay uun saddexda "m" ama midkood: *maal, magac iyo mansab*. Waxaana lagu gartaa, in aad degdegsato natiijada iyo hanashada hankan aad leeday ee aan la garanayn wuxu yahay. Waxa aad dhibsanaysaa jidka dheer ee safarka guusha. Si kale, saddex mid ayay noqon kartaa, oo kala ah:

1. In aad niyad jabto.
2. In aad waddo qaldan wax ku raadiso sida, qabyaalad, xaaraan, dagaal, iwm, iyo
3. In tayada hawsha aad haysaa noqoto mid liidata, oo aan saameyn lahayn.

 Si haddaba aanad u quusan, dariiq qaldanna wax ugu raadin, waa in aad qeexdo oo hesho han ka ujeeddo badan saddexda "m".   Hankaasu hadhaw isagu ha keeno saddexdaba, ama yaanu keenin ee waxa aad u han weyn tahay waa in uu intaa ka weynaadaa. Ujeeddadu ma aha maalka, magaca iyo mansabku waa wax xun, ee ujeedku waa iyagu in ayna noqon waxa aad ku hammiyayso.

Hankaaga ayaa ku gaadhsiin kara halka aad higsanayso, ee hankaaga kor u qaad marka hore. Tusaale ahaan laba qof ayaa waxa ay ku hammiyeen in ay dhakhaatiir noqdaan. Mid ka mid ah hankiisu waa dhakhtarnimada, dadka uu daaweyn doono, sida uu u daaweyn doono, bukaanka sida uu ugu naxariisan doono, sidii uu kolba kor ugu qaadi lahaa tayada shaqadiisa, iyo guud ahaan, wax kasta oo dhakhtar wanaagsan la xidhiidha. Ka kalana, hankiisu dhakhtarnimada ma aha, ee waa lacagta uu ka heli doono hadhaw. Waxa kale oo uu ku han weyn yahay, labada xaraf ee magaciisa xagga hore ka raaci doona, oo ah "Dr".

Labadaa dhakhtar natiijadooda dambe waxa ay ku xidhantahay sababta hankooda, ee haddeer. Waa suurta gal labaduba in ay qalin-jabiyaan, shaqana billaabaan, laakiin waxa kala duwanaan doona dareenka ay helayaan ee xasilloonida ama qanaacada leh, iyo tayada aqoontooda.

Hankaagu marka uu saddexda "m" ka weynaado, kana duwanaado, waxa aad is weydiin doontaa sidii aad ku gaadhi lahayd. Haddii xirfad iyo aqoon lagaaga baahdo waad baran doontaa, haddii ay talo iyo xog tahay, waad raadin doontaa. Adiga oo isku kalsoon oo aan marin waddo qalloocan, ayaad hadaf dajisan doontaa, waqtiga ka faa'iideysan doontaa, nidaam iyo qorshe sameysan doontaa, ka dibna u hawl gali doontaa hanashada hankaaga. Ugu dambeyntiina, waxa aad ku dhabar-adaygi caqabadaha jidka dheer ee safarka guusha.

Hibada: hibadaada in aad heshaa waa qodob kale, oo qayb weyn ka ah, in aad hesho macne iyo sabab weyn, oo isbeddel kuu horseeda. Su'aalahan mar kale is weydii: ka warran, haddii aad hore ka aqoonsan weydo hibadaada? Waqtiga iyo fursadaha intaas ku soo marayaa ma ku sugayaan iyagu inta aad ka ogaanayso hibadaadu waxa ay tahay? Dadka guuleysta billawga hore ma han ayaa dhaqaajiya, mise hibadooda ayay aqoonsadaan goor hore? Waxaan filayaa su'aasha u dambeysa, jawaabteedu in ay innagaga filantahay kuwa kalana. Anigoo ku salaynaya aragtidayda shaqsiga ah ee ku aaddan inta aan wax ka akhriyay guusha, dadka dunida saameynta weyn ku yeeshay, haddii ay tahay dhanka dhaqaalaha, siyaasadda, farsamada, iyo qaybaha kale ee nolosha, badankoodu, saddex mid ayuun bay ku dhaqaaqeen, kuna riday jidka guusha, guud ahaanna shaqadu isla saddexdaas uun bay ku timaaddaa:

- Maxaa dhaqaale laga helaa?
- Maxaa ay tahay in la qabto?
- Maxaan anigu jeclahay in aan qabto?

Saddexduba waa muhiim, laakiin midi waxa ay u wanaagsantahay danta guud, midna danta gaarka ah. Mararka qaar isla tan aad ugu hawllan tahay danta guud, ayaa dantaada gaarka ahna dabooli karta, ka soo hor-jeedkuna waa sidoo kale. Aynu midmid u dul istaagno:

Maxaa dhaqaale iga soo galayaa? Shaqada caadiga ah, ee mushaharku kaa soo galayo, waxa suurta gal ah ujeedka ugu weyn in uu ahaa in aad masaariif kala soo baxdo. Marba haddii aad shaqaale tahay, kartidaada iyo hal-abuurkaaguba wuu xaddidanyahay. Dan uun baa ku bidday mooyee, haddii aad ka maaranto, waxa ka habboon adoo abuurta ganacsi kuu gaar ah, ama ilo dhaqaale oo kale. Labada kale ayaa se ka saameyn badan, isbeddel ahaan *(Maxaa ay tahay in la qabto, iyo maxaan anigu jeclahay?)*. Qasabna ma aha haddii aad rabto in aad ganacsi abuurto ama labadan kale aad raadiso, in markaba aad ka tagto shaqadii, waad se dhinac wadi kartaa, oo waxa ay kaaga baahantahay uun, qorshe, nidaam, han sare iyo rabitaan xooggan, oo kugu suga jidka.

35

Maxaan anigu jeclahay in aan qabto? Midda labaad waa, maxaad jeceshahay in aad qabato. Waa xiisahaaga gaarka ah *(your passion)*. Waa waxa aad ugu jeceshahay in aad ku hawllanaato, oo saacado ka badan shaqooyinka kale ayaad ku fooganaan kartaa kamana daalaysid. Waa wax kuu dhib yar, haddii lagu barana si fudud aad ku fahmayso—si ka fudud shaqooyinka kale. Si guud, marba haddii aad aragto shaqo aad jeceshahay, barashadeedu kuu dhib yartahay, hal-abuurna aad ku kaabi karto, waxaasi wuxu noqon karaa wax ka mid ah hibooyinkaaga.

Maxaa ay tahay in la qabto? Midda saddexaad, waxa aad eegi in ay jirto baahi ay tahay in la daboolo. Markaas ayaad is weydiin doontaa, inta aad qayb ka qaadan karto baahidaas. Waxa dhici karta billawga ujeedkaagu in aanu ahayn faa'iido doon, walibana laga yaabo in waxaasi yahay wax aanad qabashadiisa jeclayn, kuna wanaagsanayn, waqti iyo qarashna adiga kaa galo, laakiin baahi jirta iyo dareen ayaa ku diray. Qodobkan u dambeeya, ee danta guud, waxa suurta gal ah in marka hore ay kugu adkaato, oo aad dhibsato, barashadiisuna waqti dheer kugu qaadato; marka dambe se waad jeclaan, waanu kuu dhib yaraan. Kala duwanaashuhu waa billawga hore, waxa se lagu kala hadhayaa, waa dhabar-adaygga dambe.

Haddii aanad hore ka aqoonsan hibadaadu waxa ay tahay, waxa kugu filan in aad jawaab u hesho: Maxay tahay in la qabto? Dhib taagan, oo aan xalkiisa ka qayb qaadan karaa ma jiraa? Waajib i saaran, oo ay tahay in aan gutaa ma jiraa? Su'aalahan oo aad jawaab u hesho, kana hawl gasho, ayaad ku ogaan kartaa wax badan. Taas buu Alle kuu barakayn doonaa, kaagana dhigi mid aad ku raaxeysato. Haddii kale meel inta aad fadhiisato ayuun baad cabasho ku jiri doontaa waligaa. Muhiimaddu waa: haddii aad hore u aqoonsan waydo hibada, is weydii, waxa aad jeceshahay? Ma jirtaa se baahi kale oo dan guud ah, oo ay tahay in la qabto? Ka dib, ku samir, hibadana jidka ayaad ka heli doontaa, *bi'idni llaah*.

Jidka Hibada: haddiiba ay dhacdo, in ay kugu wayntahay hibadu, waxa jira arrimo aad ku ogaan karto. Aynu soo qaadanno laba ka mid ah: *akhriska iyo isdirka*.

Akhriska: billawga akhrisku waa in uu yahay mid guud, oo aad wax walba wax ka mid ah akhrido, dhammaan qayabaha kala duwan ee aqoontu ka koobantahay, inta aad awooddo. Sida aad ugu dhex jirto, waxa aad dareemi doontaa qaybo ka mid ah aqoonta, oo marka aad akhrinayso kaaga duwan kuwa kale, si gaar ahna aad u xiiseyso, oo fahankoodu kaaga fudud yahay kuwa kale, oo aad iyaga uun ku foogan tahay. Muhiimaddu waa kaliya aqoon uun ka heli maysid buugta, balse adiga laftaada ayaa iska dhex helaya oo waxaad kula kulmi doontaa hibadaada iyo hawlahaaga.

Isdirka: marka aad awood iyo firaaqo hayso, ka qayb qaado hawlaha bilaa mushaharka ah, looguna adeego bulshada, haddii aanu jirin sharci kaa reebayaa, waxa ay ku hawllanyihiinna yahay dan guud. Marka aad qalbigaaga u furto adeegga bulshada, waxa aad kula kulmi safarkaa dhexdiisa hawlo si gaar ah ku soo jiita, qabashadoodana aad ku raaxeysato. Waa astaan iyo iftiin kale oo ku tusin kara aagga hibooyinkaagu ka dhawyihiin.

Sababaha isbeddelku waa ay badanyihiin, hanka iyo hibada uun ma aha, oo waxa suurta gal ah, in nooca shaqsiyaddaadu qayb ka tahay in aad isbeddesho iyo in kale.

NOOCYADA DADKA

Dadka siyaaba badan ayaa loo qayb-qaybin karaa. Laakiin markan noocyada aynu u dan leennahay waa midka isbeddelka la xidhiidha. Waxa jira saddex nooc oo dadka ka mid ah, mid walbana si gaar ah ula fal-galo isbeddelka; waxa kaliya ee u dhaxeeyaana waa macnaha ama sababta isbeddelkoodu ku fadhiyo. Sababtu iyadaa ka masuul ah isbeddel iyo is beddel la'aan, labadaba. Haddii ay tahay in aad wax beddesho, oo aad beddeli waydo sabab ayaa jirta, haddii aad waxaas beddeshana sabab ayaa jirta. Mar walba heerka iyo natiijada isbeddelka laga helayaana waxa ay ku xidhantahay tayada iyo xoogga sababta. Saddexda nooc waxa ay kala yihiin:

Nooc aan isbeddelin: marka ay isbeddel noqoto waxa ay soo baxaan sida dhagax buur lagu naxaasay oo kale, illaa wax ka culays badani fujiyo mooyaane, aan dhaqaaq lahayn. Dhan wal oo isbeddelka ka mid ah kuma dhiirradaan. In aanay isbeddelinna sabab kale ayaa keenta, oo ah, go'aan la'aan. Go'aanka iyo caqabadaha go'aankaba, *tallaabada saddexaad* ayaynu ugu tagi doonnaa.

Nooc isbeddel badan: haa, in la isbeddelaa waa muhiim, waana farriinta buuggu xambaarsanyahay. Laakiin haddii isbeddelku aanu ahayn mid macno ku fadhiya, ha ahaato guri ama magaalo aad ka guurayso, ha ahaato shaqo aad ka diga-roganayso ama ganacsi cusub oo aad rabto in aad yagleesho, waxa jira dadka qaar isbeddel badan laakiin sababta isbeddelkoodu tahay mid mararka qaar aan loogu garaabeyn. Meel wanaagsan isaga oo deggan ayuu guurayaa, wuxuuna u guurayaa meel aanu u sahan tagin, oo laga yaabo in shar mooyee faa'iido aanay ugu jirin, maxaa yeelay sababta guuritaankiisa ayaa ah mid ku dayasho uun ah. Haddii dad kale ama saaxiibkaa dan ku qabo, adiga se aanay dani kuugu jirin, ma aha in aad guurto. Intaas oo kaliya ma aha, ee meelaha qaar sida qurbaha, sannad ama laba sanno gudohood ayaa laga yaabaa in uu kala beddelo saddex shaqo, guri, magaalo ama ganacsi, illaa heer dadka qaar isbeddelku ka gaadhay heer guurkoodu muddo yar jiro, sababtoo ah waxa ay ku waalanyihiin wax cusub iyo hawo-raac aan wax jiho ah lahayn.

Nooc isbeddel san: noocan u dambeeyaa, isbeddelka kama cabsadaan, kumana talax tagaan, ee isbeddelkoodu wuxu maraa marxladaha buuggu gabi ahaan ku saabsan yahay. Ugu horreyn, gudaha ayay iska soo beddelaan iyagoo ka fekeraya waxa ay rabaan in ay beddelaan — iyaga naf ahaantooda miyaa, mise waa wax bannaanka ah, sida deegaanka, shaqada iyo wax la mid ah. Hubsasho ka dib, waxa ay judhaba is waydiiyaan sababta. Sababta marka ay helaanna waa ay go'aansadaan, si go'aankoodu macno u yeeshana xog bay raadiyaan. Markaas ayay ficilka la yimaaddaan. Cabsida iyo walaacu kama hor istaago, mar haddii ay go'aansadaan. Isbeddelka waxa macnaha u sameynayaa waa sababta. Guurka, guuritaanka, shaqada iyo ganacsiga, intuba haddii ay ka fursan waayaan waa laga guuri karaa, oo meel cusub loo guuri karaa. Haddii se sababtu aanay ahayn mid garawshiyo leh, kala guurka waxa kaaga habboon, adoo koboc sameeya.

> Waxa laga yaabaa waxa isbeddelka u baahani in aanu ahayn dibaddaada, sida shaqada iyo guurka, ee uu yahay gudahaaga, sida hab-fekerka, iimaanka iyo maan-hagga.

Kobciddu waa nooc isbeddelka ka mid ah. Waxa laga yaabaa waxa beddelka u baahan in aanu ahayn dibaddaada, sida shaqada iyo guurka, ee uu yahay gudahaaga, sida hab-fekerka, iimaanka iyo maan-hagga. Sida aynu ku soo aragnay *tallaabada koobaad*, haddii aad gudahaaga wax ka beddesho, sida fekerka iyo qanaacada, waxa isbeddeli kara hab-dhaqankaaga, haddii uu dhaqan isbeddelana, natiijo cusub ayaad heli doontaa. Marar badan waxa suurta gal ah in aad qawaddo waxa aad haysato, balse dhibku aanu iyaga ahayn ee qallooc ku jiro iimaankaaga iyo qanaacadaada.

Xaalado iyo siyaabo ay sababtu ku timaaddo: si guud, waa mar ayna sababtu muuqan, oo natiijada uun aynu aragno, iyo mar la dareemi karo waxa ay tahay. Sababtu marka ayna muuqan waxa aynu ku soo koobaynaa qaddar Alle uun. Tusaale ahaan, xaalad xanuun, geeri, qof aan tukan jirin oo salaaddii billaabay, mid soo islaamay iwm, kuwaas oo aanay jirin sabab cad, oo ka dambeysa. *Marna sababtu waa ay muuqataa,* oo laba mid ayay noqon kartaa: in Alle kuu soo dhex mariyay dad kale, sida waalid, macallin, bulsho iyo dawlad, kuwaas oo kugu yeesha saameyn taban ama togan. Waxa ka mid noqon kara dhanka taban: dulmi, colaad, iyo khayaano kaaga timid cid kale, saameyntii ka dhalatay. Dhanka toganna, qof wax ku baray, ama talo ku siiyay, saameyntii ka dhalatay.

Mar kale ayay sababtu muuqataa: waa in Alle (swt) adiga ku siiyay karaan, garasho iyo fursad aad sabab ku keento—si kale waa go'aan shaqsi. Marka aad rabto isbeddel dhab ah oo togan iyo koboc dhan walba ah, sababtu waa muhiim. Isbeddelkii fekerka ka soo billaabmay, marka aad macne xooggan u hesho, waxa kuu dhib yaraan doona hawlgalkii.

Haddii aynu ogaannay sababaha isbeddelka, waxa aad isweydiin kartaa, adiga laftaadu in aad qof kale beddeli karto noloshiisa, oo aad sabab u noqon karto iyo in kale?

BEDDEL QOF KALE

Marka qofku naftiisa beddelo, dadaalkeeda billaabo, si joogta ahna u horumariyo, waxa u soo baxaya uguna muuqanaya si aanay markii hore ugu muuqan, dadka kale ee ku xeeran iyo waxa ay tahay in ay beddelaan. Su'aashu waxa ay tahay, sideen qof aan jeclahay wax uga beddeli karaa? Sida aynu soo sheegnay, ma dhib yara in cid kale wax laga beddelaa. Waxaan se halkan ku soo koobi doonaa, saddex arrimood oo kaa caawin kara haddii ay lagama maarmaan noqoto in aad sabab u noqoto dadka aad jeceshahay isbeddelkooda. Arrimahaasi waxa ay kala yihiin: *duco, xikmad, horseed.*

1. Duco: arrinta koobaad waa duco. Qodobkan waxa soo hoos gali kara qof kasta iyo cid kasta oo aad isbeddel togan la jeclaato. Ducadu waa wax aynu innagu mar walba u baahannahay. Ducadu waa camal fudud, haddana miisaan leh, xilli wal iyo xaalad kastana la gudan karo. Sidoo kale waxa aynu ognahay, in ay jiraan xilliyo iyo xaalado gaar ah, oo ay mudantahay in looga faa'iideysto ducada. Waxa ka mid ah mar aad safar ku jirto, qof aan kula joogin, salaadaha waajibka ah ka dib. Marnaba ha dhayalsan, hana ka daalin Alle in aad weydiisato waafajin iyo in uu kuu sahlo, isbeddelkaaga iyo ka aad la rabto qof kalaba.

2. Xikmad: arrinta labaad waa xikmadda. Si kooban, waa sida aad wax ugu sheegayso qofka, goorta aad u sheegayso in ay tahay waqti ku habboon, iyo waxa aad u sheegaysaa wuxu yahay. Xikmaddu mar waa caqliga iyo aqoonta qofka, marna waa qalbiga iyo caaddifadda.

Xikmadda caaddifadda: haddii uu qofku dhawr arrimood ogsoonaado, xikmaddu ma seegayso, sida in qof walba jecelyahay ammaanta, dhalliishana necebyahay; sidaa darteed, aad kala taqaan canaanta tooska ah, ee shaqsiga ah, iyo cabashada wax gaar ah, adigoo raacinaya sida aad wax u rabtay. Si kale, shaqsiga iyo wuxu sameeyaa in ay kala duwanyihiin. In qof walba leeyahay in wanaagsan iyo in xun, in uu jiro qab, qofka diidsiinaya qaladkiisa. In aad is taqaan qudhaadu—xaaladda aad ku sugantahay, in aad cadheysantahay iyo in kale.

Waxa kale oo ka mid ah, in qofka aad wax u sheegayso, aqoon fiican aad u leedahay, si aad uga taxaddarto in aad damaqdo boog ku taallay. In aad ka war qabto xaaladda qofku ku jiro: daal, cadho, hurdo, xanuun, iwm. In aad hubsato waxa aad qofka kala hadlayso marka horaba in uu yahay muhiim iyo in kale—si kale, in la iska dhaafi karo iyo in ay daruuri tahay. Marka aad arrimahaas kala saartay, hubsiimo iyo dulqaad ayaad la timid, xukun ka horna, nafta ayaad xakamaha u qabatay.

Xikmadda caqliga: xikmaddu waxa kale oo ay noqon kartaa mid caqli iyo farsamo ku salaysan. Tusaale ahaan waxa aad rabtaa in aad lammaanahaaga ka caawiso miisaan-dhimis, ama waxa aad rabtaa in aad beddesho caafimaad ahaan. Had iyo jeer qofku marka ay naftiisa noqoto, waxa laga yaabaa in uusan xil weyn iska saarin. Laakiin waxa suurta gala ah, qof kale oo uu jecelyahay inuu dartii wax u sameeyo. Waxa aad u soo jeedisay xaaskaaga/ninkaaga in aad adigu rabto miisaan-dhimis. Waxa aad ku tidhi "waxaan rabaa si aan arrintaa u xaqiijiyo in aad i caawiso, oo aynu jimcsi wada sameynno, waayo kaligay marka aan ahay waan wahsanayaa, haddii aad se ila billawdo waan iska ridi karaa miisaanka".

43

Lammaanahaagu, adiga dartaa ayuu kuula sameeyay jimicsiga laakiin ujeeddada kuu qarsooni waa nafta kale, ee adiga ma aha—in aad ka caawiso, doonistii ku aaddanayd miisaan dhimista, ee ku adkaatay". Waxaad u noqotay sabab iyo macne. Sidaas oo kale, waxa xikmad caqli ku salaysan loo adeegsan karaa, ilma aad dhashay oo aad ku taqaan karti la'aan, iyo nidaam la'aan. Sidoo kale, mid aad uga cabsi qabto in uu raaco dad xun ayaad u adeegsan kartaa. Waxa aad rabtaa in uu noqdo, qof wax qabsan kara, naftiisana maamuli kara. Halkii aad canaan uun kula jiri lahayd iyo warwar aad ka qabto, kuwaas oo aan isbeddel keenin inta badan, waxaa habboon in aad u adeegsato xikmadda caqliga ku salaysan.

3. Horseed: ilmahaaga haddii aad la jeceshahay in uu noqdo mid run badan, akhlaaq wanaagsan, oo aan balwad lahayn, adiguna aad qayisho, been u sheegto, ama uu ku arko adigoo akhlaaq xumo kula dhaqmaya waalidkiisa kale, waa ay adagtahay ilmahaa isbeddelka aad ka rabtaa sida uu ku imanayo. Marka uu qofku naftiisa wax ka beddelo, waxa u dhib yaraanaysa in uu cid kalana wax ka beddelo. Ma sahlana, in aad qof kale wax ka beddesho, awoodna uma lihid. Waxa ay ka mid tahay awoodaha Alle u gaarka ah. Sabab se Alle waa kaaga dhigi karaa in aad qof kale beddesho noloshiisa. Marka ay ugu sahlantahay sababtaasi in ay timaaddo, waa marka ugu horreyn qofku isagu naftiisa wax ka beddelo, gaar ahaan waxa aad la jeceshay ama farayso qofka kale. Waxa laga yaabaa, haddii aad adigu naftaada wax ka beddesho, in aad dad badan wax uga beddesho noloshooda, kaliya, saameyn aad ku yeelatay nafahooda, ama isbeddel ku yimaadda fekerkooda, sida aynu ku soo sheegnay *tallaabada 1aad*. Waana halka ay xidhiidhka ka leeyihiin sababta guud ee isbeddelka iyo midda aynu la rabno dadka aynu jecelnahay. Alle (swt) wuxuu innoogu sheegay Qur'aanka "Alle cidna wax kama beddelo (xaaladdooda) illaa ay wax iska beddelaan (iyagu) mooyaane".

Aynu soo qaadanno qiso meelo badan lagaga warramo, oo si fudud innoogu tusaalaynaysa arrinkaas:

Oday sariiryaal ah ayaa calaacalay, oo yidhi "Anigoo toban jir ah ayaan ku hammiyay in aan dunida wax ka beddelo, dadaal kasta sameeyay, oo aan awoodayay markaa, waanse beddeli kari waayay. Markii dambe ayaan is idhi, malaha dalkayga ayaan wax ka beddeli karaa oo kali ah; isna waday, waxna ka beddeli kari waayay. Mar dambe ayaan idhi, bal tuulada uun wax ka beddel; iyana waxba ka qaban waayay. Mar cimrigayga intii badnayd tagtay ayaan is idhi bal qoyska uun; iyagana taagba u waayay. Maanta waxa aan sugayaa waa wad uun, dadaal kale iguma hadhin. Waxa aan aad uga qoomammooday halka aan wax ka billaabay. Fiicnaan lahaydaa haddii aan ugu horreyn, naftayda wax ka beddeli lahaa, ka dib qoyskayga, ka dib qaraabada iyo magaalada, ka dib dalka. Markaa waa ay ii dhib yaraan lahayd in aan adduunka wax ka beddelo. Nasiib-darro se, hadda waxba ma qaban karo, waayo da' ayaan noqday, waxaan sugayaana waa geeri uun". Ugu horreyn, hadii aad wax ka beddesho naftaada waxa suurta gal ah, in aad saameyso kuwo kale noloshooda. Sidoo kale, dad yar oo aad wax ka beddesho, waxa suurta gal ah, in ay iyagu sii dhammays-tiraan, oo ay qaaradaha gaadhaan, xataa haddii adiga wadku kugu simi waayo.

Waxa dhici karta, adigoo sababtii isbeddelka helay, in aanad wali waxba iska beddelin. Dhibku waa dib-u-dhigashada, xalkuna waa go'aanka.

Tallaabada Saddexaad:

GO'AAN QAADASHO

"Haddii aad go'aansataan, Alle u tala saarta".
Qur'an

BAR-BILLAW

| Ficilku wuxu ka billawdaa go'aan-qaadashada; go'aankuna gudaha ayuu ka soo unkumaa. |

Waxa aynu ku soo sheegnay *tallaabada koobaad*, ugu horreyn, isbeddelku in uu ka billawdo gudaha, marka xigtana yahay mid ka dhashay kaas, oo ah kan muuqda ama lagula dareemayo. Go'aanku waa mid labadaba ka dhaca. Gudaha ayuu ka soo billawdaa: waa marka dhiirranida, ama kudhacu niyaddaada ka soo go'. Walaaca iyo shakigu waxa ay ka mid yihiin caqabadaha qaadashada go'aanka. Faahfaahin waxa aynu ugu tagi doonnaa isla *tallaabadan saddexaad* cutubyadeeda dambe.

Haddii aad fekerka wax ka beddesho, laakiin ficilkii kuu dhimanyahay, waxa ay ka dhigantahay in aad riyoonayso. Illaa aad rumeyso riyadaasna, go'aan qaadasho laguma sheegi karo. Si waxaas wanaagsan ee aad ku qanacday aad u hirgaliso, judhaba wax ka billaw, oo ficil samee. Ficilku wuxu ka billawdaa go'aan qaadashada, go'aankuna gudaha ayuu ka soo unkamaa.

Mar kale, muhiimadda ay leedahay darteed, aan si kale u dhigno. Waa ay kala duwanyihiin waxa aad jeceshahay in aad sameyso iyo go'aan qaadashadu. Go'aan macnaheedu waa fal sameyn, ee ma aha rabitaan. Wali haddii aanad fulin, waad rabtaa se go'aan ma aad qaadan.

Go'aanku waa wax aad kaga gudbayso xaalad, ama aad ku daboolayso baahi aad qabtay. Tusaale ahaan saaxiib aannu isku arday ahayn, ayaan waqti hore ku idhi "Maad iska

47

deysid sigaarka, haddiiba aad ogtahay dhibkiisa?" Wuxu iigu jawaabay "waan joojin kari waayay"! Waxa aan ku idhi "Maad go'aan qaadatid?" Wuxu igu yidhi "boqol jeer ayaan go'aan qaatay".

Alle (swt) wuxu inna leeyahay "Haddii aad go'aansataan, Alle u tala saarta". Mar hadii aad Alle talada saarato, fadhi kuuma yaal. Jiif kali ah, Rabbi wax ha ku weydiisan. Sida uu Nebigu (scw) ku yidhi, saxaabigii awrku ka lumay, ee markii la weydiiyay maxaad u dabran weyday? yidhi "Alle ayaan u tala saartay", ka dibna Nebigu ugu jawaabay "Awrka dabar, Allana talada saaro".

Saaxiibkay wuxu sigaarka iskaga deyn kari waayay, go'aan ma uu gaadhin, laakiin boqol jeer ayuu ku fekeray oo kaliya in uu joojiyo. Go'aanku ma aha waan sameyn doonaa ama qaban doonaa, ee waa fulin. Eraygaa Soomaali ahaan iyo luuqadaha kalaba haddii la turjumo macnuhu wuxu iskugu soo aroorayaa *"goyn"*. Sidaas darteed ayaynu Soomaali ahaana u nidhi *"go'aan"*. Goo xadhig kasta oo dib kaaga haya qabashada hawlahaaga muhiimka ah. Goo, wax kasta oo dib kuu celin kara, kaana hor istaagi kara rabitaankaaga xalaasha ah. Goo hummaagga beenta ah ee baqaha kugu abuuraya, kuuna diidaya higsiga himmiladaada. Goyntaas aad goysay ayaa ka dhigan in aad qaadatay go'aan.

Go'aanku wuxu kala yahay: mid diyaargarow kaaga baahan iyo mid aan kaaga baahnayn. Diyaargarow marka uu kaaga baahanyahay, waa in aad hesho xog kugu filan inta aanad go'aanka qaadan, sida in aad la tashato cid kaaga aqoon iyo khibrad badan. Xog iyo talo ka dib, in aad qorsheyso goorta aad go'aanka qaadanayso, halka aad ku qaadanayso iyo sida aad u qaadanayso, intaba. Waxa dib loo dhigi karaa waa qorshaha go'aanka, ee ma aha qaadashadiisa.

Si kale, go'aanku wuxu kala yahay: wax isla imika ficilkiisu suurta gal yahay iyo wax aanu imika suurta gal ahayn, cudurdaar jira darteed. Feker ahaan waad ku qanacday go'aankaas in aad gaadho, laakiin sabab jirta darteed, hadda ma sameyn kartid fulinta go'aankaa. Waad qorsheysay waqtigii, ka dib markii la gaadhay ayay caqabad kale timid oo aanad ka gudbi karin. Ha ka tanaasulin go'aanka, mar haddii wali aad ku qanacsantahay, hana odhan mar kale uun baan qaban doonaa, adiga oo aan cayimin waqtiga. Dhakhso u xaddid goorta cusub, ee aad u dib dhigatay.

Go'aanku laba marxaladood ayuu maraa: midi waa barbillawga, ka kalana waa ku dhabar-adaygga go'aanka, gaar ahaan midka isbeddelka. Waana sababta buugga magaciisu u yahay dhabar-adayg — *tallaabada ugu dambeysa* ee buugguna, si gaar ah, waa dhabar-adayg.

AWOODDA GO'AANKA

Noloshu waxa ay ka koobantahay laba arrimood oo kala ah: go'aanno iyo natiijada go'aannada. Alle (swt) wax walba sabab ayuu u yeelay. Sababtaasi waxa ay noqon kartaa go'aan. Go'aankaas marka aynu gaadhno, ayuu Alle innagu arsaaqayaa ujeedkii aynu go'aanka ka lahayn. Tusaale ahaan go'aan aad gaadhay ayaad ganacsi ku abuurtay, ka dibna Alle wuxu kugu arsaaqay in aad maalqabeen noqoto. Go'aan aad ku guursatay, ayuu Alle ubad kugu siiyay. Go'aan aad dhakhtar ku aadday iyo mid aad jimcsi ku sameysay, ayuu Alle kugu siiyay caafimaad. Sababtii ayaad la timid, oo go'aanno ayaad qaadatay, sida guur, beer, shaqo, daawo iwm, dabadeed Allana wuxuu kugu arsaaqay midho, ubad, lacag iyo caafimaad.

Wax kasta oo aanay cidi kugu qasbin oo ka yimid habka aad u fekerayso iyo/ama aad u dhaqmayso, waa go'aanno aad qaadatay. Waxa ka mid ah, cadhada raagta, aarsiga, farxadda, samo-falka iyo cafiska—intuba waa go'aanno. Go'aan qaadasho la'aanta lafteeda ayaa ah go'aan. Oo sidee ayay u tahay go'aan? Markii aad tidhi go'aan waan qaadan kari waayay ayaad qaadatay. Laakiin go'aanka aad qaadatay ayaa ah, in aanad go'aan qaadan. Qasab, mar kasta noloshaada go'aanno ayaad qaadan doontaa—kuwa aad ugu talagashay iyo kuwa kalaba.

Anthony Robbins ayaa wuxu yidhaahdaa "Daqiiqadaha go'aan qaadashadaada, ayaa qaddartaada qaabeyn kara." Markii u horreysay ee aan maqlo dhagta ayaan taagay.

Go'aanka qaddarta wax ka beddelayaa waa kee? Laakiin bal u fiirso diinteenna.

Diintu sow innooma ay sheegin, qofka qaraabada xidhiidhiya in cimrigiisu kordhayo. Cimrigu miyaanu qaddar ahayn? Camalku waa go'aan, haddii aad khayr fasho iyo haddii kalaba, natiijada iyo abaalkana Alle ayaa kula kulansiin doona. Sidaa daraaddeed, awoodda go'aanku waa mid nolosheenna qaabeysa. Waa sabab Alle inoo sakhiray, oo nolosheenna guul iyo guul darraba u horseedi karta, tahayna in aynu dhugmo u yeelanno goor kasta, waayo in badan oo ka mid ah go'aannada aynu qaadanno kama war qabno, waxa se laga arki karaa halka aad kolba joogto, iyo natiijooyinka.

> "Daqiiqadaha go'aan qaadashadaada, qaddartaada ayaa qaabeyn kara".
> *– Tony Robbins*

Haddii aynu ogaannay awoodda iyo muhiimadda go'aan qaadashada, maxaa innaga hor istaagi kara in aynu qaadanno go'aanno, maxaa se innaga caawin kara? Waxa innaga hor istaagi kara, oo ah caqabadaha go'aanka, waxa aynu ugu tagi doonnaa cutubka xiga, se cutubkan waxa aynu ku iftiimin doonnaa waxa innaga caawin kara qaadashada go'aannada inoo wanaagsan.

Marka hore, aynu kala saarno farqiga u dhaxeeya go'aan-gaadhid *(Decision-making)* iyo go'aan-qaadasho *(Decision-taking)*. Inta badan waxa caan ah go'aan gaadhista, taasna waxa keenay mawduucan oo inta badan loo qaabeeyo hab mu'asaseed, sida shirkado ganacsi, dal, ciidan iyo wax la mid ah, kuwaas oo baahan go'aan gaadhis, sababtoo ah, arrinkoodu qof kama go'o, ee waa wax ka dhexeeya koox, dad ama ummad. Sidaa daraaddeed, waxa qasab ah in go'aannada isbeddelka lagu higsanayo laga wada tashado, la hubiyo, xirfad iyo aqoon heer sarreysana lagu saleeyo. Go'aan gaadhistu markaa, waa wax ficilkiisa aan lagu degdegayn, marka la isla meel dhigo se la qaadanayo.

Marka se arrinku yahay isbeddel shaqsi, ama wax naftaada, mustqablkaaga, iyo aakhiradaada quseeya, waxa aad u baahantahay waa go'aan qaadasho. Waayo labada tallaabo ee hore ayaa ka dhigan in aad go'aankii soo gaadhay, mar haddii fekerkaagi wax iska beddeleen, jidka uu doono isbeddelkaasi ha kuu soo maree, isla markaana aad heshay sabab xooggan, oo ku dhaqaajisa, waxa xigaya in aad qaadato go'aan. Macnuhu waa haddii uu yahay wax la joojinayo, sida caado ama balwad xun, *jooji*. Haddii uu yahay wax wanaagsan oo ay tahay in aad billawdana, *billow*; si go'aankaasi u midha dhalo, una sii waarana, waa in aad qaaddo saddexda tallaabo ee xiga.

Go'aannada shaqsiga ahi, ma aha kuwo adag oo qarash iyo qorshe badan u baahan; kaliya waxa kaa xiga, maskax fekertay, sabab aad heshay, iyo go'aan aad qaadatay.

Ururada, shirkadaha iyo waddammadu waxa ay u baahanyihiin koox ku hubaysan aqoon iyo xirfad sare, oo ah habka go'aan gaadhista, adigu se shaqsi ahaan waxa aad u baahantahay, kaliya, in aad raacdo tallaabooyinka lixda ah, si go'aanka aad qaadatay u noqdo mid dhab ah. Haddii aqoon dheeraad ah aad ku darsatana, mar walba xirfad kasta oo aad barataa, waa ay ku anfacaysaa.

Ujeeddada aynu rabno in aynu muujinnaa se waxa ay tahay, go'aannada shaqsiga ahi ma aha kuwo adag oo qarash iyo qorshe badan u baahan; kaliya waxa kaa xiga maskax fekerta, sabab aad hesho, iyo go'aan aad qaadato. Si kale, haddii aynu u noqonno *su'aashii ahayd*, **maxaa innaga caawin kara in aynu qaadanno go'aanno?** Waa in aynu is weydiinno, ugu horreyn, ma go'aanno shirkadeed ama dal baa, mise waa go'aanno shaqsi ah? Ta hore, xirfadda go'aan-gaadhista, iyo dadkii aqoonteeda lahaa, waa in la helo. Haddii se uu yahay go'aan shaqsi ah, tallaabooyinka lixda ah ee buugga ku qoran, mid mid u qaad.

Su'aashii kale ee ahayd, maxaa innaga hor istaagi kara in aynu qaadanno? waxa aynu ugu tagi doonnaa cutubkan xiga.

CAQABADAHA GO'AANKA

Go'aanku waa tallaabo muhiim u ah isbeddel kasta, oo qof rabo, sababta oo ah nolosheenna oo idil ayaa ka kooban go'aanno aynu qaadannay ama cid kale inoo gaadhay iyo natiijadii go'aannadaas ka soo baxay. Laakiin waxa lagu kala duwan yahay, go'aannada qaar nolosheenna muhiimka u ah sidii loo qaadan lahaa, kuwaas oo ay innaga hor istaagi karaan caqabado dhawr ahi. Dhakhtarku daawo ma qoro illaa uu aqoonsado xanuunka, maxaa yeelay dhibka in aad ogaataa xalka qayb ayay ka tahay.

Marka la is barbardhigo berigii hore iyo maanta, go'aan qaadashadu waxa ay dhib yarayd berigii hore, sababtuna waa caqabadaha oo kala badan. Waxa jirta caqabad maanta ina haysata oo waqtiyada qaar aan jirin ama yarayd. Waa caqabadda kala-doorashada. Xogtu tii hore waa ay ka badantahay illaa xad. Sidoo kale, wax kastaa waxa ay yeesheen tobannan nooc. Tusaale ahaan daawada cadeygu kaligeed ayaa intaas oo nooc ah. Waa caqabad ay tahay uun in aynu ku baraarugno, tartanka ganacsiga ah ee wareerka innagu keenaya. Waxa se jira caqabado kale, oo qofku isku keeno, xalkeedana isagu isku hayo, gaar ahaan, marka ay isbeddel iyo korriin tahay. Waa saddex caqabadood, oo kala ah: **cabsi, caajis iyo cudurdaar.**

1. Cabsida: waa marka aad ka baqato natiijadu sida ay noqon doonto. Natiijada, kaliya adigu khayr filo ayaa lagu yidhi, laakiin shaqo kuma lihid. Alle (swt) ayaa ku siin doona wixii aad la timid sababteeda iyo niyaddeeda, xumaan iyo wanaag midda uu ahaaba. Waxa laga yaabaa in aad is weydiiso, su'aalo ay ka mid yihiin: haddii aan go'aanka noocaas ah gaadho, ma laga yaabaa, in aan ku waayo inta yar ee aan hore u haystay? Armaa la i diidaa? Guul-darro billee aan kala kulmaa? Waxa ugu badan ee laga cabsadana waxa ka mid ah, fashil ama khasaare. Iyadoo la isku wada raacay, cilmi baadhis iyo tijaabo ahaanba, in guul-darradu tahay mid ka mid ah siraha guusha.

Nin xikmad badnaa, ayaa waraysigan hoose lala yeeshay, dadka qaarna ay ku sheegaan in ay tahay odhaah uu *Abdul-kalam* yidhi.

Waa maxay sirta guushu? "Waa go'aanno saxan, oo aad qaadato".

> Sirtuba waxa ay ku jirtaa, waa korriinka. Korriinna ma yimaaddo haddii aanay jirin barasho, iyo sixidda qalad aad gashay ama cid hore sameysay.

Sidee go'aanno saxan lagu gaadhi karaa? "Waayo-arag in aad tahay".

Sidee waayo-aragnimada lagu kasban karaa? "In aad go'aanno qaldan hore u soo qaadatay".

Sirtuba waxa ay ku jirtaa, waa korriinka. Korriinna ma yimaaddo haddii aanay jirin barasho, iyo sixidda qalad aad gashay ama cid hore sameysay. Haddii kale waxa imanaysa dhimasho nool. Dhimashada nooli, waa marka wax kaa dhaca mooyee aanay waxba kuu siyaadin. Waa markii aad tidhi, ma rabo in aan wax isku dayo, iyo in aan is tijaabiyo, sababtoo ah waxa aan ka cabsi qabaa khasaare, diidmo, iyo rafaad. U badheedh dhammaan, waxa la arkaa wixii aad ka baqa qabtay in uusan ahaynba wax jiray e.

Haddii go'aannada qaar gadaal ka qaldamaan, warwar yayna kugu abuurin, laakiin wax ka baro. Qaladka aad wax ka barato weeye waayo-aragnimadu, marka damabana iyadaa kugu sugi go'aannada saxan iyo jidka guusha.

Waxa jirta maahmaah Soomaaliyeed, oo xaaladaha qaar marka loo adeegsado qaldan. Waa maahmaahda tidhaahda, *"Wax badso wax beel bay dhashaa!"* Waa run laakiin waa marka sababta isbeddelkaagu tahay mid liidata, kuna eeg hunguri, damac ama ku dayasho uun. Haddii se sabab nooli ka dabeyso, maahmaahdu kuma habboonaa—sida: in aad higsato meel ka sarraysa kolba halka aad joogto, haddii ay tahay cilmi, camal, iyo cibaado, intaba. Ha cabsan, marba haddii aad go'aansatay, go'aankana aad ku salaysay sabab xooggan, wax kasta oo isbeddelka aad kala kulantana ku khasaari maysid. Ugu yaraan, naftaada waxa aad u xaqiijin doontaa, in aad sameyn karto marar kale oo badan.

2. Caajiska *(wahsiga):* caqabadda labaad ee go'aanku waa marka aad ka wahsato hawl qabasho kaaga baahan

Caajis luuqadda Carabiga, waa karaan la'aan. Laakiin Ssoomaali ahaan, badanaa wahsiga iyo caajiska isku si ayaynu u adeegsanaa.

Nolosha gabi ahaanteedu, waa hawl iyo rafaad, marka laga reebo xaalado iyo waqtiyo kooban. Marka uu qofku diido, inuu aqbalo xaqiiqadaas, go'aanno badanna uga gaabiyo wahsi dartii, isagoo raba wax walba in ay ugu qabsoomaan si raaxo leh, isbeddelka togan iyo korriinku waa uu ka soo daaha.

56

Wahsigu dhinacyo badan ayuu nolosha ka saameeyaa. Waxa ka mid ah, dhanka cilmiga, cibaadada, camalka iyo caafimaadka.

Cilmiga: waxbarashadu waxa ay u baahantahay iskuul in aad tagto, mararka qaar in aad kallahdo, wax in aad akhrido iyo imtaxaan in aad gasho. Waxa ay leedahay warwar, kallahaad, gaajo iyo daal. Wahsigu safarkaa ayuu kaa reebi karaa.

Camalka: wahsigu ma-shaqeyste ayuu kaa dhigi karaa, sababta oo ah shaqooyinka in badan aroorta hore ayaa la galaa. Sidoo kale, waxa ay kaa rabaan dadaal. Shaqa la'aanta badh waxa ka masuul ah dawladda, badhka kalana waa kartida iyo hab-dhaqanka shaqsiga shaqadoonka ah.

Cibaadada: sidoo kale, cibaadadu waxa ay u baahantahay kallahaad, masjid la aado, cilmi la barto, duco iyo dikri la akhriyo. Haddii qofku wahsi badanyahay, in badan bay cibaadadu kaga tagi doontaa hurdo iyo wahsi.

Caafimaadka: Alle ayaa ku ilaashan kara. Haddii se uu jiro dadaal aad karto, caafimaadkana lagu ilaashan karo, waajib diini ah buu kugu noqonayaa. Sababtoo ah, wax kasta oo nimcooyinka Alle ku siiyay ka mid ah, sida waqtiga, caafimaadka, dhaqaalaha iyo ubadka, intaba, waa in aad ilaashato, inta awooddaada ah. Waxa ugu yar ee aynu ka wahsanno waxa ka mid ah, jimcsi in aynu sameyno, kaas oo maanta aynu ognahay sida ay lagama maarmaan u tahay, loona xaqiijiyay faa'iidada caafimaad ee ku jirta. Wahsiga waxa lagu tiriyaa in uu ka mid yahay cudurrada halista ah, sababtoo ah in badan dhimashada isagaa sababa, ka dib marka laga wahsado isdaaweynta iyo ka hortagga la awoodo.

Wax kasta oo qiima leh wuxu kaa rabaa wax u qalma inaad galiso, oo ah waqti, qarash, iyo dadaal. Badanka, waxyaabaha aynu soo sheegnay dhammaan waxa ay rabaan kallahaad, adkaysi iyo dhabar-adayg. Qofkuna mar haddii uu wahsi badanyahay, arrimahaasi way ku adkaanayaan. Nabiguna (scw) dhawr arrimood, ayuu inoo sheegay in Alle laga magangalo, lagana duceysto, waxaana ka mid ah arrimahaas, awood darrida iyo wahsiga.

3. Cudurdaarka: caqabadda saddexaad ee go'aanku waa marka aad marmarsiiyo ka dhigato xaalado aan dhammaaneyn, garawshiyana aan lahayn. Cudurdaarku waa mid ka mid ah waxa ugu badan ee sababa in aynu dib u dhiganno wixii ay ahayd in aynu go'aansanno, sababta oo ah xaalad kasta oo jirta haddii ay tahay mid bannaanka ka timid sida cimilada, dhaqaalaha, shaqada, iyo haddii ay tahay xaalad gudahaaga ka timid, sida wahsiga aynu ka soo warrannay, hargab iyo wax la mid ah, intuba, waxa ay keenaan in aynu dib u dhiganno go'aan ay ahayd ficilkiisa haddeer in aynu la nimaadno. Dib-u-dhigashadu waa ka-soo-horjeedka go'aanka. Marka aad wax sameyso, go'aan ayaad qaadatay, marka aad sameyn weydana dib-u-dhigashaad la timid.

Dhan kalana, dib-u-dhigashada lafteeda waa go'aan. Mar haddii aad tidhi waxaas hadda ma qaban karo, sababta oo ah madaxa ayaa i yara xanuunaya, waan yara daallanahay, cimiladaa yara kulul, roob ayaa da'aya iwm, macnaheedu waa go'aan. Laakiin go'aannada ayaa kala duwan, oo midna horumarkaaga ayuu qayb ka qaataa, midna dib-u-dhacaaga, masuuliyaddana adigaa leh, oo cid kale kuma eedaysna. Waxa jira cudurdaarro caqabado abuura iyo caqabado fursado abuura. Marka aynu aragno, qof intuu Alle ka qaaday wax ka mid ah laxaadkiisa, haddana aan nolosha isku dhiibin ee dadka kale ee laxaadka la' iyo kuwo laxaadkooda qaba, labadaba, tusaala u noqda, runtii waa arrin innoogu filan dhiirrigalin iyo in aynu iska diidno cudurdaarrada raqiiska ah ee had iyo goor innaga hor taagan tallaabo kasta oo hore aynu u qaadi lahayn. Tusaale ahaan, Hellen Keller waa qofkii ugu horreeyay ee isku darsada indha la'aan, dhaga la'aan iyo hadal la'aan, haddana shahaado jaamacaddeed qaata, noqda qoraa, siyaasi iyo waliba fagaare-ka-hadle saameyn ku yeesha malaayiin ruux. Waxa ka mid ah xikmadaha laga reebay in ay tidhi "Waxa jira dad heysta awoodda maqal iyo midda arag, laakiin xaqiiqatan aan waxna maqal waxna arag; waxa kale oo jira dad aan haysan awoodda arag iyo maqal laakiin dhab ahaan wax arka, waxna maqla. Waxa aan go'aansaday in aan kuwan dambe ka mid noqdo"

> Waxa jira cudurdaarro caqabado abuura iyo caqabado fursado abuura.
> **Ibraahin Waaberi**

Haddii duruufo kugu xeeran dartood aad wax badan oo aad jecleyd u sameyn waydo, iyada oo laga yaabo in hortaa dad kaa sii duruufo adagi sameeyeen, waxa aad la timid cudurdaar; cudurdaarkaas ayaana ah caqabadda dhabta ah ee ku hor taal ee ma aha duruufaha kugu xeeran. Sidoo kale, haddii duruufo adag oo kugu yimid kugu dhaliyeen in aad fekerto, ka dibna dhaqaaqdo, han abuurto, waxa aad fursado ka dhex abuurtay caqabadaha dhexdoodii. Isku soo duub oo caqabadaha go'aanku waa walaac, wahsi, iyo marmarsiiyo.

NOOCYADA GO'AANKA

Go'aannadu waa ay noocyo badanyihiin, waa ayna kala duwanyihiin. Laba ka mid ah aynu soo qaadanno: *kuwa fudud iyo kuwa adag.*

1. Go'aanno fudud: waa go'aanno mar walba aynu qaadanno, dadkuna ay ka wada simanyihiin. Waxa ka mid ah: maaweelada iyo baahiyaha aasaasiga ah ee nolosha kuwaas oo caado innoo noqday. Tusaale ahaan, aroortii marka aad soo toosto markaba waxa aad gashaa musqusha, waad cadayataa, ka dibna waad quraacataa. Intan marar badan ma dhibsanno, maalin walbana waxa laga yaabaa in aad sameyso. Waa wax wanaagsan, nafta ayaad ku laylisay, sidaas ayayna u noqotay hawl fudud.

Waxa la mid ah, goorta habeen walba aad hurdo tagto, goorta aad qadeyso, nooca dharka aad xidhato, iyo qaabka aad u xidhato, waayo dhammaan doorasho kale ayaad haysataa, oo ah in aad seexato waqti kale, in aad qadeyso galabtii halka aad duhurka ka qadeyn jirtay, iyo in aad dhar la'aan ku baxdo. Marba haddii adiga oo doorasho kale haysta, maalin walba hawl gaar ah aad sameyso, xilli gaar ah, waxaasi waa go'aan aad caadeysatay, ka dibna kuu dhib yaraaday, go'aankaasi ha noqdo mid wanaagsan ama mid xun. Sida wax loo caadeysto, *tallaabada lixaad* ayaynu ugu tagi doonnaa.

2. Go'aanno culus: nooca labaad waa go'aannada culculus, ee laga yaabo in ay kugu cusubyihiin, kuwaas oo kaaga baahan dadaal, qorshe iyo talo. Go'aannada ugu culus ee aad gaadho waxa ka mid ah kuwo aad kala dooranayso hawl aadkaatay, in aad dadaal la timaaddo iyo in aad faraha ka qaaddo. Go'aannada culculus waa kuwo aad ku beddelayso dhaqan ama balwad xun, ama aad ku abuuranayso caado ama dhaqan wacan. Waa kuwo aqoon lagu korodhsanayo. Waa kuwo lagu guursanayo. Waa kuwo ganacsi lagu abuurayo. Waa kuwo noloshaada wax badan aad kaga beddelayso, horumar iyo guulna aad ku higsanayso. Go'aannada noocan ah, mar walba ma gaadhno, dadka oo dhanna kama sinna. Qaar badan oo ka mid ahi waa ay ka fududyihiin kuwa aynu ku tilmaannay, waxa aynu se tilmaantan u siinnay, nafsad ahaan ayay adagyihiin—nafta ayaan jeclayn in ay qabato ama samayso, gaar ahaan inta hore.

Dhowr su'aalood aynu is weydiinno: sideen nafta u jeclaysiinnaa waxa adag, ee haddana u wanaagsan? Naftu ma iyadaa isu talisa, oo doorata wixii ay jeclaato, una dhib yar, wixii kalana iska dhaafta, mise adiga ayaa nafta u taliya? Adiga iyo naftaadu maxaad kala tihiin? Su'aalahan waxa in badan lagaga hadlaa diimaha, falsafadda, cilmi-nafsiga iyo culuumta aadanaha. Sidaa darteed, si qoto dheer uma galayo, sababtoo ah, waxa innooga filan inta ay diinta Islaamku ka tilmaantay. Tusaale ahaan, Ilaahay wuxu Qur'aanka innoogu sheegayaa in naftu xumaha ina farto, oo wuxu yidhi "Naftu waa mid xumaha farta". Waxa aan aayadda ka fahmaynaa, in adiga iyo naftaadu aad laba kala tihiin. Haddii naftu ina hagtana, aynu khasaarayno, haddii aynu hagnana, liibaanayno. Liibaantaas ayay culuumta kale inoo qeexayaan, sida adduunka loogu guulaysan karo, qofku marka uu naftiisa ka adkaado. Diintu se waxa ay inoo sheegtay, in aynu aakhiro ku liibaanayno. Si kale, liibaanteenna labada daaroodba waxa ay ku jirtaa, nafta oo xakamaha loo qabto.

Sirtu waxa ay ku jirta, mar kasta oo aad go'aan dib u dhiganayso in aad is weydiiso, waxaasi ma wax wanaagsan baa — adduun iyo aakhiro midna manfac ma leeyahay? Haddii ay tahay haa, waxa aad ogaataa sababta aad u dib dhigatay in aysan ahayn in uu culusyahay go'aankaasi, laakiin waa in ay naftu diiday. Markaa laba mid ayaa kula gudboon: in aad jihaadkii nafta la timaaddo, oo aad hawshaa qabato, beddesho, barato, akhrido, wuxu yahayba. Arrinta labaad ee kula gudbooni waa in aad dib u dhigato adigoon xaddidin waqti dhaw, markaana waa in aad ogaato in ay naftu ku hagtay.

Brain Tracy wuxu qoray buug la yidhaahdo *Eat that frog* (Cun Rahaas). Rahu waa arrimaha kuu yaal kuwa ugu culus ee aad dhibsanayso, adigoo dib u dhiganaya kuwa fudud ee aan macnaha badan lahayn, laga maarmi karo, ama mar kale la qaban karo. Waliba rahu waa midka ugu weyn, uguna foosha xun, oo ah hawsha ugu daran, ee aad ka wahsanaysay in aad ku hor marto.

Waxsoosaarkeenna shaqsi, shirakadeed, qoys iyo midka daleedba wuxu ku xidhanyahay waxa aynu waqtiga intiisa badan ee wanaagsan ku qaadanno. Waxaasi ma wax aan macno lahayn baa, sida baraha bulshada, daawashada *TV-ga* iwm, mise waa wax ina anfacaya qof ahaan iyo umad ahaan, adduun iyo aakhiraba?

> Go'aan kaliya, oo aad qaadatay, ayaa laga yaabaa in uu hanti kuu hor seedo, aqoon aad ku hesho, xidhiidh ku wanaajiso, janno aad ku gasho.

Marka waagu inoo baryo, illaa inta aynu ka seexanayno, waxa aynu qaadannaa go'aanno— kuwo fudud iyo kuwo culus, kuwo aynu ka war qabno iyo kuwo aynaan ka warqabin, kuwo wanaagsan iyo kuwa xun, intaba. Iyagoo kaliya haddii aynu u fiirsanno, nolosheenna wax badan ayaynu ka beddeli karnaa. Go'aan kaliya, oo aad qaadatay, ayaa laga yaabaa in uu hanti kuu horseedo, aqoon aad ku hesho, xidhiidh ku wanaajiso, janno aad ku gasho.

Noocyada go'aanku ma aha kaliya culays iyo fudayd. Waxa kale oo ay kala yihiin, kuwo taban iyo kuwo togan. Haddii aad go'aansato in aad wax dhacdo, musuq-maasuqdo, ama aad macsi kale sameyso, waxa aad qaadatay go'aanno taban. Sidaas oo kale, haddii aad salaadda tukato, cilmi barato, dadka aad wax tarto, qoyskaaga u dhibirsanaato, ubadkaaga tusaale wanaagsan u noqoto, markanna waxa aad qaadatay go'aanno togan.

Go'aan ka hor, ka feker: waa maxay waxyaabaha ugu qiimaha badan noloshaada, si aad uga taxaddarto in aad waxyeellayso, ama dib u dhigato kuwaas qiimaha kuu leh. Dhibku waa, isma weydiinno waa maxay waxa nolosheenna ugu qiimo badan, maxaa se ku xiga, kuwaas oo leh diin, iimaan, qiyam, caafimaad, lacag, dhaqan, aqoon, ubad, waalid, ehel, aadane, alaab, iyo noole. Go'aannadeennu se inta badan, waxa ay ku yimaaddaan, su'aal la'aan iyo feker la'aan. Kaliya, waa kolba waxa ay naftu ku raaxaysato, u fudud, saaxiibbadeen sameeyaan, iwm. Waa sababtaas, waxa aynu dib ugu dhiganno mar walba riyooyinkeenna iyo isbeddellada togan ee inna anfacaya.

Waxyaabaha innaga caawin kara hirgalinta go'aannada aynu qaadannay waxa ka mid ah: cidda aad is kaashanaysaan iyo deegaanka kugu xeeran. Tallaabada xigta aynu ugu tagno.

4

Tallaabada Afaraad:

ISKAASHI

"Marba haddii aad kobocdo, oo aad damacdo kaalin in aad gasho, dadka waxa jira in aad kaashato, oo aad kalka ku hayso, iyo in kale oo ku reebtoo, ku karaar jabisa...."

-Ibraahin Waaberi

FAA'IIDADA ISKAASHIGA

Si go'aankaagu kuugu midha dhalo, hawsha aad billawdayna hakad u galin, waxa aad u baahantahay cid aad is kaashataan ama aad kaashato, ha noqdo saaxiib, koox, macallin, tabobbare, mid ama dhammaan, kolba sida ay suurta gal kuugu tahay. Dadka aad kaashanayso ama aad is kaashanaysaan, waxa aad iska caawin kartaan in aad ka baxdo kana korto laba xaaladood oo had iyo jeer guusha inoo diida ama innagu sii haya nolosha caadiga ah, ee in ay cid kale uun wax ka sugto mooyee, iyadu aan isku qabin, in ay door leedahay. Waxa ay kala yihiin, labadaa xaaladdood: Aagga xasilloon iyo quusashada

Aagga xasilloon: xaaladda kowaad waa aagga xasilloon (*Comfort zone*). Marka uu qof isbeddal togan iyo koboc sameynayo, badanaa waxa ay ka dhigantahay in qofkaasi ka tagayo aagga raaxada, una guurayo bannaanka aaggaas. Bannaanku waa meel ka ballaadhan goobtii hore, waana halka uu safarka guushu ka billawdo. Hal caqabad ayaa innaga hor taagan in aynu ka baxno xayndaabka hore, caqabaddaas yar oo ah in marka aynu is nidhaahno ka bax aynu dareemayno xasillooni la'aan, sababtoo ah nafta ayaa la qabsatay halka hore, una maleysay in ayna jirin meel ka wanaagsan. Waa wax la xidhiidha maskaxda iyo dheecaannada ay soo deyso, oo kolba nafta waxa la baro ee lagu celceliyo jeclaysiinaya.

Sidaa darteed, waxa lagama maarmaan ah marka aad isbeddel damacdo in aad ku tala gasho xasillooni la'aanta iyo xanuunka aad dareemi karto. Iskaashigu waa mid kaa caawin kara muddada yar ee aad ku guda jirto guuritaanka, kana guurayso aaggaas hore, maxaa yeelay waxa aad u baahanaysaa cid aad is dhiirrigalisaan, oo marka mid niyad jabo niyadda isu dhistaan, haddii mid hilmaamo is xasuusisaan, mararka qaar tartantaan, tartan bilaa turxaan ah, is caawisaan oo gacanta is qabataan.

Arrinta se taxaddarka mudan waxa ay tahay, inta aad ku guda jirto iskaashiga ee aad rabto in aad ka baxdo goobada yar, una baxdo bannaanka, waxa aad la kulmi kartaa, sidoo kale, dad ku niyad jabiya, oo ay tahay in aad ku baraarugsanaato. Dadkaasi kaliya kuuma han jabinayaan, sida in ay ku yidhaahdaan, ma sameyn kartid iyo ma sahlanaa, sidoo kale hab-dhaqankooda, wahsigooda iyo mararka qaar fursadaha ay haystaan haddana aysan ka faa'iidaysanayn, ayaa laga yaabaa in ay kugu abuuraan dareen kale, oo kugu sii haya goobtaa yar, ee xasilloon. Waxa aad u baahantahay cid aad is kaashataan, ee uma baahnid cid aad is reebtaan. Isbeddel, si aad xor u noqoto, una sameyso koboc dhan walba ah, ugana guurto goobtii hore, una diga rogatid meel ka baaxad weyn. Xasillooni la'aantu waa inta hore uun. Haddii aad muddo ku dhabar-adaygto isbeddelka cusub, dib ayaad kala qabsan doontaa aagga cusub.

Quusashada: xaaladda labaad waa barashada quusta *(Learned to be helpless)*, sida uu *Martin Saligman* ku xusay buuggiisa *Learned Opstimism*. Xaaladdani waa mid had iyo jeer qofka ka dhigaysa in uu isku maleeyo mid aan awoodin waxyaabaha qaar. Dad badan waxa laga yaabaa haddiiba ay isbeddel sameyn lahaayeen, marka horaba in aysan aaminsanayn in ay karti u leeyihiin. Quusashada noocani waa wax qofku bartay, wuxuuna ka bartay tijaabo laga yaabo in uu hore u sameeyay, kuna khasaaray. Waxa kale oo uu ka bartay dad kale, oo laga yaabo in ay guulo ka soo hoyn waayeen iskudaygaas oo kale.

Tusaale ahaan beeraha xayawaanka qaar waxa jooga maroodi baaxad weyn, kaas oo lugta looga xidhay xadhig yar, oo aan sidaa u dhumuc weynayn, laguna xidhay walax aan sidaa u cuslayn. Waxa laga yaabaa in aad is weydiiso, "ma meeshan yar ayaa maroodigan dhan haysa, miyaanu baxsan karin?" Waa run, wuu baxsan karaa, laakiin mar hore ayuu quustay maroodigani. Isagoo yar ayaa lagu billaabay in lagu xidho goobtan. Markii uu dhasha ahaa in badan ayuu isku dayay in uu firdhado, laakiin itaalkiisa oo yaraa darteed ma uusan awoodeyn. Markaa wuu is dhiibay. In kasta oo uu maanta quwad Alle siiyay, nasiib darro se wali wuxu u haystaa in uusan awoodi karin. Imisa innaga mid ah ayaa xaaladdaas oo kale ku jira?

Iskaashiga habboon, labadaa xaaladood ee goobaha xasilloon iyo quusashadaba, waad kaga gudbi kartaa.

ALLE KAASHI

Cid la kaashado waxa ugu mudan Alle (swt), marba waxa aad beddelaysaa haddii uu yahay wax aan kuu wanaagsanyn, waxa aad rabto in aad soo kordhisaana yahay wax kuu wanaagsan. Marba haddii sababta ugu weyn ee isbeddelkaagu tahay, in aad korto, garaad ahaan iyo qof ahaan, marba haddii isbeddelka aad ku raadinayso, nolol qurux badan, caafimaad ahaan, dhaqaale ahaan, qoys ahaan, maskax ahaan iyo diin ahaan, waa in aad isaga uun u talo saarato, kaalmana weydiisato. Alle (swt) waa mid, qof iyo umad dhan, ku beddeli kara, il-bidhiqsi gudihii.

Kaalmada Alle waxa ay ku xidhantahay kolba niyaddaadu sida ay tahay, rabitaankaagu inta uu leeyahay iyo baaxadda dadaalkaaga. *Tallaabada koobaad* waxa aynu ku soo sheegnay, in isbeddelku gudaha ka billawdo: sida aad u fekerayso, rajadaadu inta ay tahay, iyo heerka kalsoonidaada. Marka aad gudaha kacdoonka isbeddel ka billawdo, rabitaankaaguna xoogeysto, isla markaana aad go'aan iyo dhabar-adayg ku darto, ayaa ducada ajiibkeedu ugu dhaw yahay. Sidoo kale, *tallaabada labaad* waxa aynu ku soo xusnay, sida ay iskugu xidhanyihiin waxa ay tahay in aad naftaada ka beddesho ugu horreyn adigu, iyo Alle (sw) jidka aad dooratay sida uu kuugu dhib yarayn doono, marka dambe.

Haddii qof xumaan ku hammiyo, ficilkana ku dhaqaaqo, qofkaasi shar ayuu doortay, Allana jidkaas uu doortay ayuu u sakhiri doonaa. Sidoo kale, haddii qof wanaag ku hammiyo, una dadaalo, Alle ayaa u dhib yareyn doona jidka. Go'aanka iyo xorriyaddu waa macnaha bini'aadannimo. Waxa jira xeer caalami ah, oo la yidhaahdo: Qaanuunka soo jiidashada *(The law of attraction)*. Qaanuunkani wax kale ma aha, ee wixii aad hadafka ka dhigatay, maskaxdaadana ku soo noqnoqday, wax la xidhiidha ama isla wixii, ayuunbaad meel kasta ku arki doontaa, ama kula kulmi. Waana wax Alle kuu soo dhaweynayo, marinkeedana kugu toosinayo, waayo adigaa caashaqsan, una dadaalay.

Isbeddelka togan macnihiisu waa akhlaaq wanaagsan, cibaado suubban, camal run ah iyo niyad wanaagsan. Waa mid aad ku wanaajinayso cilaaqada dadkaaga iyo ehelkaaga. Waa isbeddel aad ku abuurayso han sare iyo himilo sugan. Waa isbeddel aad ku rabto, in aad dadkaaga ku biiriso wanaag, dhibkaagana kaga yareyso. Waa isbeddel aad balwad ama caado xun ku beddelayso, kuna abuurayso mid wanaagsan, oo ku anfacda. Waa isbeddel aad rabto in aad tusaale ugu noqoto cid kasta, oo noloshaadu saameyn ku yeelan karto. Marba haddii uu isbeddelku intaasba koobsanayo, taa macnaheedu waa in aad Alle dartii u sameynayso halganka nafeed. Sidaa darteed, isla isaga *(Qaaddirka)* waa in aad u tala saarato, una kaashato, adigoo adeegsanaya duco, niyad iyo rabitaan xooggan. Marka aad rabto in aad duceysato, ka hor ducada is weydii, waxan aad Alle weydiisanaysaa inta uu kaa dhab yahay, dadaalkiisa iyo niyaddiisuba. Tusaale ahaan, haddii aynu rabno in aynu Rabbi roob weydiisanno, haddana wax badan oo ficilladeenna ka mid ah ay liddi ku yihiin

71

sababaha aqbalaadda ducada, waa in aynu nafaheenna eersannaa. Alle ducada innagama uu aqbali waayin, haddii la aqbali waayana waxa keeni kara arrimo ay ka mid yihiin kuwan hoose:

Dawlad ahaan: maamul ahaan, in aynaan sababta la iman, laakiin aynu rabno jiifka wax walba in uu innoogu yimaaddo. Waliba innagoo awoodna, aynu ka gaabinno, sidii roobka da'a looga faa'iideysan lahaa, biyaha dhulka fadhiyana loo maareyn lahaa. Sidoo kale macsi, musuq iyo dulmi badan haddii uu jiro, maamulka markaa jiraana waxba ka beddeli waayo, laba midba waa ay noqon kartaa: in ducada la innaga aqbali waayo, iyo in ciqaab timaaddo halkii aynu barwaaqo ka sugaynay. Marka aad tidhaahdo Rabbi waan u hoggaansamay, waa in aanad aqbalin dunuubta badan, ee aad wax ka qaban karto.

Shaqsi ahaan: in aynaan ka faa'iidaysan awoodo badan, oo Alle inna siiyay, oo ay inoo dheertahay in kuwo innaga mid ahi balwad xun leeyihiin, kuwo kale waqtiga macno la'aan ku dilaan, kuwo kale caqliga cuuryaamiyaan, iwm.

Waa dhab, Alle waxba kuma aha in uu inna siiyo wax kasta, oo aynu weydiisanno. Laakiin, waxa muhiim ah xeerarka Rabbaaniga ah in aynu wax badan weelayno. Alle (swt) wax badan oo aynu weydiisanno, mar hore ayuu inna siiyay. Markii uu innaga dhigay makhluuqiisa kuwii ugu abuurka wacnaa, hoggaanna innooga dhigay inta soo hadhay iyo arlada. Markii uu inna siiyay nimcooyin ayaynaan tirin karin iyo awoodo marka in yar oo ka mid ah laga faa'iideysato, ashqaraar innagu dhaco. Arrinku marna waa adduun, marna waa aakhiro, labada goorba ducada waxa la socda feker, sabab, go'aan, iskaashi, xisaab iyo dhabar-adayg.

Marka aynu intaa la nimaadno, oo ah lixda tallaabo, waxa ay ka dhigantahay wax Alle mar hore inna siiyay, ama inoo tilmaamay in aynu adeegsannay. Ma aha wax aynu innagu suuqa ka soo iibsannay ee ugu horreynba, waa in aynu Alle ugu mahadnaqno, ducada, talo-saarashada iyo niyadda wanaagsanna sii badinno. Marka aynu natiijada karaankeenna dhadhaminno, waa in iimaanka iyo jacaylka Alle siyaado — markaas ayaynu Alle kaashi la nimid. Yaynaan odhan awrta Alle u tala saarta, oo sii daaya, laakiin waa in aynu dabranno, Allana u tala saaranno.

Si Alle kaashigu innoogu fududaado, waxa ka mid ah waxyaabaha, ugu horreyn, aynu wax ka qaban karno, qofku in uu is weydiiyo, nooca deegaankiisa.

DEEGAANKA KUGU XEERAN

Waxa aynu ku soo sheegnay *tallaabada koobaad,* saddex jid oo lagu helo isbeddel gudeed, oo fekerka ka billowda. Saddexda jid waxa ay kala ahaayeen: in aad hesho cid ama wax ku dhiirrigaliya, in aad hesho qof ama dad saameyn kugu yeesha, iyo caqabado ama dhib aad kala kulanto nolosha. Intaba waxa laga helaa kolba deegaanka kugu xeeran. Deegaanka waxa ka mid ah, warbaahinta, saaxiibbada, baraha bulshada, qoyska, macallimiinta, cimilada, dhaqanka, taariikhda, siyaasadda, diinta, iyo dadka tusaalaha ah. Dhammaan waxa ay qayb ka yihiin deegaanka noloshaada qaabeyn iyo saameyn ku yeelan kara. Mar kale, deegaanku laba ayuu u sii qaybsamaa:

1. Mid qofku isagu ma dooran horraantii, waxna kama qaban karo hadhaw, oo waxa ay tahay in uu sidaa ku aqbalo, sida waalidka, qabiilka, iyo taariikhda.
2. Midna isagaa hadhaw wax ka beddeli kara, dibna u dooran kara, sida saaxiibbada, nooca warbaahinta, baraha bulshada, diinta iyo dadka tusaalaha u ah.

Odhaahdii Soomaaliyeed, waxay ahayd *"lagu doori habaarna way noqotaa, ducana way noqotaa".* Waxa dhacda in qof isaga oo diinta Islaamka ku dhashay, tusaale wanaagsanna haysta, akhlaaq iyo hanba lahaa, hal mar inta uu bulsho kale u tago, saaxiibbo kale oo dhaqan xun raaco, balwado xunxun barto, diintana ka baxo. Halka mid kalana, isagoo diin kale lagu barbaariyay, nolol mukhaadaraad iyo fisiq

74

leh yaqaannay, laga yaabaa in uu hal mar wax iska beddelaan fekerkiisii, ka dibna baadhitaan galo xagga diinta ah, qaato Islaamka, helo saaxiibbo iyo tusaale wanaagsan, noloshiisuna sidaa isugu beddesho dhanka togan. Labadaba doorsoon ayaa ku yimid, laakiin nooca doorsoonka ayaa kala ah, in midna dhankii wanaagsanaa yahay, midna dhankii liitay. Labaduba waa go'aanno ay si xor ah ku gaadheen, dhib iyo dheef waxa ay lahaatana, masuuliyaddeeda iyagu ay qaadayaan, adduun iyo aakhiraba. *Jim rohn* ayaa laga hayay odhaahdan "Waxa aynu nahay celceliska shanta qof ee aynu waqtigeenna inta ugu badan la qaadanno".

Haddii dadka ugu badan ee aad waqtiga la qaadato, yihiin kuwa akhlaaq xun, balwado taban leh, waqtigooda macne la'aan ku lumiya, adiguna iyaga uun baad midba wax uga eekaanaysaa. Haddii ay yihiin kuwa han leh, karti badan, dad la dhaqan wanaagsan,

> "qofku wuxuunbuu raacaa, diinta saaxiibkii"
> -Xadiis

sidoo kale iyaga uun baad wax badan kala mid noqon. Odhaahda hore, wuxuun bay innoo sii xoojisay, fahnka xadiiska Nabiga (scw) ee ah "qofku wuxuun buu raacaa, diinta saaxiibkii"

Shanta qof maxaa ay noqon karaan? Saaxiibka iyo shanta qof, ma aha macnuhu shan ama toban qof, oo aad la tahay saaxiib gaar ah, dhammaanna aad is taqaannaan, waqti toos ahna wada qaadaataan. Saaxiibtinimadu ma aha taas oo kaliya, qayb se way ka tahay. Waxa se ka mid noqon kara, inta aad saaxiib kula noqotay, siyaabahan:

- Baraha bulshada iyo warbaahinta kale.
- Dad tusaale nolosha kuugu ah, oo aad ku dayato.
- Saaxiibbo aad wadaagtaan sheeko, xiise iyo dan.
- Buugta aad akhrido iyo macallimiintaada
- Arday aad fasal ama iskuul wadaagtaan
- Dad aad meel ka wada shaqeysaan.
- Ehelkaaga, gaar ahaan, xubin aad si gaar ah waqi badan iyo fekrado u wadaagtaan.
- Dad beri hore dhintay, kuwa hadda nool iyo kuwa caan ah, oo aanad waligaa la kulmin laakiin si dadban saameyn ugu leh noloshaada.

Kuwaas oo dhan ayaa ka mid noqon kara, saaxiibka xadiisku sheegay, iyo shanta qof ee odhaahdu tidhi. Su'aashu se waxa ay tahay, dhankee ayaad kaga dayanaysaa? Laba dhanba waa aynu kala mid noqon karaa. Midi waa dhanka guud ee nolosha, xumaanteeda iyo wanaaggeeda. Midna waa dhanka gaarka ah, ee doorka aad nolosha ka qaadanayso (*life career*).

Dhanka guud ee nolosha: waxaas kugu xeeran tayadoodu sida ay u badantahay, ayuun bay tayadaada qofeedna noqon doontaa, wanaag iyo xumaan, mid ay tahayba, guud ahaan.

Dhanka gaarka ah: haddii aad rabto in aad noqoto siyaasi, waxa qasab ah in aad siyaasadda wax badan ka barato, ka akhrido, dad tusaale siyaasadda kuugu ahna sameysato, sidoo kale aad yeelato saaxiibbo aad ka wada sheekeysataan, haba aad ku kala duwanaataan aragtiyaha qaar e. Siyaasiga aad mustaqbalka noqonaysaa, wuxuun buu noqon doonaa isku celceliska kuwaas aad imaka isku xeertay. Sidaa daraaddeed, ayay muhiim u tahay, in aad ka fiirsato saaxiibbada nolosha iyo guud ahaan waxa ugu badan ee aad waqtiga ku qaadato.

Isbeddelka togan ee aad niyaysatay, isla markaana aad go'aansatay, si uu u noqdo mid midha dhala, waa in aad deegaankiisa raadsato, dadkiisana ka ag dhawaato, ku dayato, talo weydiiso, waxna aad ka barato. Sidoo kale, waa in aad ka digtoonaato, haddii aad awooddana ka fogaato, cid kasta iyo wax kasta oo u adeegaya isbeddel taban iyo isbeddel la'aan aad ku dhacdo, labadaba. Baraha bulshada iyo warbaahintu, waa meelaha lagaa saameyn karo maadaama oo ay ka mid yihiin deegaankaaga. Iska hubi waqtiga aad ku qaadato, cidda aad kala socoto, tabnaan iyo tognaan waxa ay leeyihiin, macne iyo macna la'aan, sida ay u badanyihiin.

Is weydii deegaanka aad ku nooshahay:

1. Saaxiibbo noocma ah ayaad la rafiiqdaa? Ma kuwa leh han, akhlaaq, isla markaanna is dhiirrigaliya?
2. Waa noocma warbaahinta iyo baraha aad ku xidhantahay? Ma mid qabyaalad iyo calool xumo kaliya xoogga saartaa, kana madhan aqoon, rajo iyo xog aad ku diirsato?

3. Yaa nolosha tusaale kuugu ah oo aad jeceshay in aad sidiisa u dhaqantid oo aad nolosha qaybaheeda kala duwan kaga dayato?
4. Maxaad akhridaa?
5. Bulshada aad la nooshahay (xaafad, magaalo ama dal ahaan) dhaqankoodu waa sidee? Wanaaggooda maxaa ka mida? Xumahoodu waa maxay? Maxaa ay tahay in aad kula socoto, maxayse tahay in aad ka weecato, xataa haddii aad kaliga noqonayso?

Mar labaad, is beddelka gudaha ee aynu *tallaabada 1aad* kaga soo hadalnay, waxa ay aad isku saameeyaan midka deegaanka. Fekerkaaga oo wax iska beddelaan, wuxu qaabeyn karaa deegaankaaga; inta aad awood u leedahay isla deegaankaaga oo aad wax ka beddeshaana, waxa ay beddeli kartaa hab fekerkaaga, taas oo kuu horseedaysa guud ahaan noloshaadu in ay isku beddesho dhanka wanaagsan, horumarna ay higsato.

KUWAN ISKU XEER

Waxa aan is weydiiyay, haddii aan lahaan lahaa awoodda dad doorashada, sifooyinka aan ku xulan lahaa dadka noloshayda ku xeeran. Kuwan ayaa ii soo baxay.

Tamarbixiye: waa qof ku dhiirrigalinaya, hadal ahaan iyo ficil ahaan. Waxa ku dhiirrigalinaya eray ku guubaabiya oo ay ku dhahaan iyo dadaalkooda. Waa qof aragti togan, mar walbana timaaddada rajo wanaagsan ka muujiya. Haddii ay ku arkaan adigoo quus jooga ama niyad xun, waxa ay markaba kuu iftiiminayaan in wali khayr buuxo, caqabaduhu fursadaha nolosha ka mid yihiin, berrina ay maanta ka wanaagsanaan doonto.

Daacad: waa qof ballamaha oofiya, gadaashaada aan ka hadal, haddii laga hadlana aan u dul qaadan. Waa qof aad isku halleyn karto, aamin ah, oo run badan — ganacsi ayaad la wadaagi kartaa, sir baad ku qarsan kartaa. Daacad, waxa aad isku baran kartaan, in aad jid wada marteen, jidiin wada cunteen, jabad u wada hooyateen. Dadka sifadan leh, waxa kale oo lagu bartaa, marka ay shaqo kula qabtaan, ama cid kale la qabtaan, sida ay ammaanada u gutaan, iyo hagrasho la'aanta hawsha ay hayaan, ee aan dib-dhaca iyo dhayalsiga lahayn.

Dheelli-tirane: waa qof nidaamsan, waqtigana si fiican uga faa'iideysta. Gurigiisa iyo alaabtiisu waa kuwo habeysan. Waa mid noloshiisu ay isku dheelli-tirantahay, haddii ay

79

tahay caafimaad daryeela naftiisa, haddii ay tahay qoys u roon reerkiisa, haddii ay tahay aakhiro Alle ka cabsi badan, haddii ay tahay aqoon akhriya wax badan, haddii ay xil qaadaan hufnaan iyo karti leh.

Hubsade: waa qof aan shaki badneyn, dadka kalana kuu soo dhageysan. Ma aha qof wax walba u qaata in isaga loogala jeedo, ama ay naftiisa wax ka qaldan yihiin. Waa qof badanaa aan ku saleyn xukunka dadka waxa baraha bulshada lagu qaybiyo, ama wuxu maleysto, isagoon xaqiiqada ogayn, goob joogna ahayn. Hubsade waa qof aan ceebaha iyo xumaha aan hore ka baahin, isaga oo naftiisa iyo tii ehelkiisa oo kale ka soo qaadaya, qofka dhibban ama qaladku ka dhacay. Wuxu ka fiirsadaa, in uu ku degdego xukunka umuuraha lammaan, kuwa iska soo horjeedana kuma kala talax tago. Xoonka dadka uun kuma biiro, cid kalana kuma raalli galiyo, dhanka uu raacayo, oo aan Alle ka ahayn.

Xus-badane: waa kuwa salaadda ooga, adna ku xasuusiya; haddii aad meel wada huruddaanna kuu toosiya. Alle xuskooda ayaa badan, oo aad ku baraarugi. Waa kuwo dadka khayrka la jecel, dhab ahaan.

Macnuhu ma aha mar walba qof ama dad sifooyinkaas dhammaan leh ayaad heli doontaa. Sidaa ma awoodi karno, mana nihin kuwa iyagu dadka sidan ka dhiga, qasabna ku beddeli kara. Laakiin, laba arrimood ayaynu awoodnaa:

1. In aad ka dheeraato kuwa caksiga ah: kuwa dhammaan ama inta ugu badan ka-soo-hor jeedkeeda ah, ee

80

noloshaada khayr iyo tamar in ay ka naaqusiyaan mooyee, aan waxba ku biirin.

2. Arrinta labaadna waa in aad adigu ku dadaasho in aad sifooyinkan yeelato. *Tallaabada labaad,* ayaynu ku soo sheegnay in aynu jecelnahay dadka innagu xeeran isbeddelkooda, gaar ahaan inta dhaqamada iyo sifooyinka liita aad ku taqaan, laakiin taasi awooddeenna ma aha. Waxa awooddeenna ah, in aynu nafteenna ka dhigno sida aynu iyaga la jecelnahay. Marka aynu taas ku guuleysanno, ayaynu qayb ka qaadan karnaa isbeddelka qof kalana, ama ugu yaraan aad saameyn ku yeelan doontaa noloshiisa.

Su'aashu se waxa ay tahay, isbeddel ka hor, adigu sidee ku ogaan kartaa xaaladda aad ku jirto, haddeer? Ma iska war qabtaa? Aqoon ma isu leedahay? Maxaa ay tahay in aad beddesho? Waqtiga sidee baad uga faa'iideysataa? Tallaabada xigta aynu eegno iyo xisaabta nafta.

5

Tallaabada Shanaad:

IS-XISAABIN

"Xisaabi naftaada, inta aan lagu xisaabin"
- Cumar Binu Khadaab (RC)

QORSHE IYO QIIMEYN

Xisaabtu waa muhiim, gaar ahaan midda qofku isagu is xisaabiyo, taas oo suurta gal ka dhigaysa in dadaalka iyo tallaabooyinka aad qaadday noqdaan kuwo horusocod sameeya. Haddii kale waxa dhici karta, in aad go'aan qaadato, balse marka isbeddelkaagu koboc sameyn waayo aad dareento macna yaraan, taas oo ay ka dhalan karaan laba midkood: in aad dib ugu noqoto halkaagii hore, iyo in aad dhaafi waydo halka aad soo gaadhay.

Safarka caadiga ah waa aynu qorsheynaa, oo waxa ayanu si fiican u naqaan: goorta aynu baxaynno, halka aynu tagayno, muddada aynu joogeyno, sahayda iyo sababta safarka, intaba. Marka aynu ka soo laabanno waa aynu qiimeyn karnaa safarkaas waxa aynu ka soo faa'iidnay, qarashka innagu baxay, in aynu mar kale ku laaban doonno iyo in kale. Haddii safar gaaban, oo maalmo kooban ah sidaas aynu ugu diyaar garawno, maxaa aynu u dhayalsannaa safarka nolosheenna idil. Sababta koobaad, waa iskuullada laguma dhigto maareynta iyo qorsheynta nolosha. Sababta labaadna, waa dhaxal, iyo sidii jiilba jiil ka soo gaadhay uun. Waxa aad is weydiin kartaa, sow ma adka cimriga dhan in la xisaabiyo? Haa, haddii sidaa dusha uun looga eego, xisaabtana aynu u maleyno tii iskuulka. Haddii se aynu fahanno, in ay tahay kaliya dhaqanno nafta lagu carbinayo, marka ay caadeysatana u dhib yaraanaya, faa'iidada ka dhalanaysaana tahay mid ku anfacaysa, waa xisaab aad u dhib yar. Dhaqannadaas waxa ka mid ah: tallaabooyinka buuggan guud ahaan, oo aad qaaddo.

Waqtigaaga sida aad uga faa'ideysanayso. Xakamaynta naftaada, iyo yool aad qeexayso, si aad u gaadho hankaaga. Marka aad wax soo falanqeysay, qorsheysay, soona dejisay himilo sugan, waxa aad u dhaqaaqi doontaa sidii aad u hanan lahayd. Intaas marka aad ka soo gudubto, su'aashu waxa ay tahay ma halkaas ayaa lagu soo af-meerayaa dadaalkii iyo higsigii hammi ee muddada dheer soo qaatay? Jawaabta oo koobani, waa maya.

Guushu waa safar, nolosha ku dheraran, ee ma aha goob la gaadho. Marka aad hanato himilooyin aad lahayd, waxa aad uga gudbi doontaa judhaba kuwa kale, adiga oo kuwii horana ku sii dhabar-adaygaya, oo kolba gaadhsiinaya heer iyo marxalad ka duwan, kana horumarsan, halkii hore. Taasina ma suurta galayso, haddii aan xisaabi jirin. Xisaabtana waxa ugu horreeya, qiimeynta kolba halka aad marayso, iyo qorsheynta halka aad ku socoto. Si kale, in aad dib u daalacato wixii aad asiibtay iyo wixii ku seegay tagtadii, ka dib aad qaabayso timaaddada, adiga oo ku salaynaya shaqada haddeer.

Afar jeerba waxa ay tahay qofku naftiisa in uu qorsheyn iyo qiimeyn ku sameeyo.

1. **Go'aanka ka hor**: in aad qiimeyso ka hor go'aan qaadashada isbeddelka halka aad taagantahay, haddii ay tahay dhanka cibaadada, qoyska, caafimaadka, shaqada, maalka, aqoonta, iyo kaalinta bulshada. Marka aad qiimeyso meel kasta, oo noloshaada ka mida ah, waxa kuu soo baxaya

84

meesha dheelligu ka jiro. Waxa aad is weydiin doontaa: waa maxay hal wax, oo haddii aad naftaada ka beddesho, ka joojiso, ama ku soo kordhiso guud ahaan noloshaada horumar iyo isbeddel u horseedi kara? Halkaa shay, laba iyo saddex, wixii kuu soo baxaba, hoosta ka xarriiq.

2. **Saadaal**: arrinta labaad waa in aad qorsheyso, ama saadaalin karto nolosha cusub sida aad rabto in ay u eegaato. Tusaale ahaan in aad qiyaasto caqabadaha kaa hor iman kara, oo aad filato niyad jab aad la kulmi karto. Waa qorshe ku salaysan xaqiiqooyin iyo mala'waalba. Marka aad si fiican u muujiso waxa aad doonayso nolosha, ayaad sameyn kartaa saadaal ku saabsan jidka aad marayso, hawsha lagaaga baahanyahay, xirfadaha ay tahay in aad isku hubayso iyo talada aad u baahantahay, intaba.

3. **Daba-gal**: qiimeynta saddexaad waa daba-gal aad ku sameyso kolba halka ay wax kuu marayaan. Haddii ay suurta gal tahayna, sida ku xusan *tallaabada 4aad*, in aad hesho cid daba-gal kugu sameysa, ama aad isku sameysaan, si midba ka kale ula socdo, kolba halka ay wax u marayaan, isku xasuusisaan, iskuna dhiirrigalisaan, mararka qaarna u tartantaan, tartan bilaa turxaan ah, oo labadiinnaba idin horumariya. Tartanna waxa ugu mudan, midka aad naftaada la gasho; maanta in ay ka wanaagsanaato shalay; berrina ay ka wacnaato maanta.

> Tartan waxa ugu mudan, midka aad naftaada la gasho; maanta in ay ka wanaagsanaato shalay; barrina, ay ka wacnaato maanta.

Sidoo kale, baahi himilooyinkaaga, inta suurta galka ah, oo cid la wadaag. Marka aad ogaato in laga war qabo higsigaaga, laguna weydiin karo, halka ay wax kuu marayaan, waxa ay kuu noqon doonaan xasuusin, iyo xakame.

4. **Hanasho ka dib**: ugu dambeyn, waa marka aad is tidhaahdo xilligii kuu qorsheysnayd waad soo gaadhay in aad qiimeyso halka aad marayso, is barbar dhigna ku sameyso qiimeyntii billawgii iyo tan maanta. Mar kasta oo aad is tidhaahdo qorshe aad lahayd ayaad gaadhay, macnahu ma aha in aad guuleysatay, waa se qayb ka mid ah safarka guusha.

Ha ku dagmin, oo ha is dhigan; u diyaar garow qorshayaal kale iyo dardar cusub.

Xisaabta naftu si ay kuugu dhib yaraato, had iyo jeer waa in aad taqaan tiirarka noloshaada ugu muhiimsan, ee aad rabto in aad isbeddel iyo koboc ku sameyso. Waxa ka mid noqon kara tiirarkaas: tiirka ruuxda, tiirka caafimaadka, tiirka garaadka, tiirka qoyska, tiirka bulshada, tiirka shaqada iyo hantida.

Mid kasta, marka aad siiso darajo ah inta u dhaxeysa 0-10 waxa aad ogaanaysaa tiirka aad ku liidato, ee ay tahay in aad xoogga saarto. Tiirarka qaar waa udub-dhexaad, ugu horreynna, haddii aad iyaga ku hor marto, kuwo kale waa ay kuu dhib yaraan doonaan, sida tiirka ruuxda iyo midka garaadka. Is weydii, muxuu yahay tiir kasta oo ka mid ah tiirarka nolosha in aad ka joojiso, oo aan dhib mooyee dheef u lahayn? Maxaa ay tahay se in aad ku soo kordhiso, ama aad sii wanaajiso? Qorshe la'aani waa qof aan jiho lahayn, oo ay iskugu mid tahay waddooyinka ka soo hor baxa, middii uu qaadaaba. Qiimeyn la'aani waa qof aan kala garanayn dib-udhac ku yimid iyo horusocod, midnaba.

> Qorshe la'aani waa qof aan jiho lahayn, oo ay iskugu mid tahay waddooyinka ka soo hor baxa, middii uu qaadaaba. Qiimeyn la'aani waa qof aan kala garanayn dib-u-dhac ku yimid iyo horusocod, midnaba.

Marka aad qorsheynayso sannadkan cusub oo kale, waxa aad u dhigi kartaa su'aal ahaan, si maskaxda aad u cariso, una raadiso jawaabo. Tusaale ahaan, qiimeynta iyo qorsheynta aan sameeyo shaqsi ahaan, dhammaadka sannadka, sidan soo socota ayaan u dhigaa weydiimaha:

Qiimeynta sannadka dhammaaday:

1. Sannadka dhammaaday, imisa wax baad qorsheysay?
2. Maxaa qabsoomay, maxaa se qabyo ah?
3. Sababtee u qabsoomeen? Sababtee u qabyoobeen?
4. Boqolkiiba imisa weeyaan, guusha sannadku?

Qorsheynta sannadka cusub:

1. Imisa arrimood ayaad doonaysaa in aad qorshayso sannadkan?
2. Sannadkii hore intii qabyawday maxaa kaga jiraya?
3. Dadaal iyo qorshe intee leeg ayaad u baahantahay?
4. Maxaa caqabad kugu noqon kara in aad xaqiijiso?

QIIMEYN	QORSHEYN
1...........................	1...........................
2...................	2................
3......................	3....................
4...............	4....................

IS-BARASHO

In aad taqaan waxa aad beddelayso waxa dhib yareeya in aad adigu is taqaan. In aad is barataana waxa ay dhib yareysaa in aad is xisaabiso. Xisaabtuna waa midda suurta galinaysa in aad horumar sameyso. Waxa dhacda marar badan in aynaan garanaynba wixii aynu beddeli lahayn, si aynu koboc shaqsi u sameynno. Waxa keeni kara qof in uu garan waayo wixii uu beddeli lahaana waa laba mid:

1. In uusan naftiisa daacad u ahayn, oo uu is diidsiinayo, ceebo iyo dhalliilo uu leeyahay, mar walbana cudurdaar ka dhigto waa iska caadi dadkuba waa ila wada mid oo ma beddeli karo, iyo in uu dhayalsanayo.

2. Arrinta labaad, waa in uusan ogaynba waxaas ay tahay in uu beddelo. Tani waa waxa ka dhigaya muhiim in qofku naftiisa barto.

> In aad isbarato waxay qayb ka tay, in aad is beddesho; si ay kuugu fududaato isbarashaduna, waa in aad daacad isku ahaato.

Ta hore, waa go'aan qofka u yaal mar haddii uu ogyahay in uu dugsado, iyo in uu beddelo, masuuliyadda ka dhalata adduun iyo aakhirana isaga ayay u taal.

Kan dambe se, waxa laga yaabaa haddii uu isbarto in uu markaa isna laba mid noqdo: qolada hore in uu ku biiro, iyo in uu tallaabada go'aanka u degdego, isbeddelna sameeyo. In aad isbarato waxa ay qayb ka tahay in aad is beddesho.

Si ay kuugu fududaato isbarashaduna, waa in aad daacad isku ahaato. Waa in aad ka run sheegto qofka aad isku maleynaysay iyo qofka aad noqotay, ama noqon karto. Qaaciido ayaa jirta la yidhaahdo Daaqadda Joohari (*Johary Window*) taas oo ka kooban afar qaybood. Si kooban, qaaciidadu waa sidan: waxa jira wax aanad iska aqoon adigu qof ahaan, laakiin dad kale kaaga aqoon badan yihiin (*Blind window*). Waxa jira wax Alle (swt) sokadii, adiga mooyee cid kaa taqaan ama kugu og wali aanay jirin (*Hidden window*). Waxa jira, wax adiguna aad isku taqaan, dad kalana kugu ogyihiin (*Open window*). Ugu dambeyn, waxa jira wax adiga iyo dad kale toona aydaan wali ogayn, oo naftaada ka mid ah (*Un-known window*).

Ugu horreyn, qor ceebahaaga iyo waxa aad is leedahay waad ku liidataa, kana eeg dhan kasta, sida diin, waxbarasho, akhris, ehel, saaxiibbo, dhaqaalayn, shaqo, dabeecad, akhlaaq, oofin adiga oo naftaada ka run sheegaya. Weydii kana codso dad si fiican kuu yaqaan, oo ka mida ehelkaaga ama asxaabtaada, in ay kuu sheegaan waxa ay kaa yaqaannaan ee ay tahay in aad wax ka beddesho. Midda wali adiga iyo dadka kalaba idinka qarsoon ee naftaada ku saabsanna u daa waqtiga iyo waayaha, laakiin niyad ahaan ku tala gal, oo marka aad daaha ka rogto, judhaba wax ka beddel, haddii ay tahay in wax laga beddelo.

Waxan aad iska baranaysaa kaliya ma aha waxa liita. Waxa kale oo aad ogaanaysaa, waxa aad ku wanaagsantahay, ee ay tahay in aad horumariso, ama waxa aad hibada u leedahay ee ay tahay in aad sii xoojiso. Guud ahaan, wuxu noqon karaa wax ay tahay in aad yareyso, joojiso, soo kordhiso, intaba. Naftaada in aad barato, waxa ugu mudan ee aad ka dhaxlaysaa waa in aad ka war qabto, ugu yaraan, ceebahaaga iyo cawooyinkaaga.

Daaqadda Joohari waxa aynu ku soo sheegnay in ay jirto wax adiguna naftaada aanad ka aqoon, cid kalana kaa aqoon *(hidden window),* sida sirta oo kale, iyo wax adna aanad iska aqoon, cid kalana kaa aqoon *(Un-Known window).* Alle (swt) waa mid og labadaba. Suuradda *Daah, aayadda 7aad,* mid ka mid ah culumada muslimiinta, ayaan ka korodhsaday oo sidan u dhigay tafsiirkeeda "isagu (Alle) waa mid og sirta iyo midda qarsoon ba". Haddaba, maxaa kula gudboon, xaaladdan oo kale? Ugu yaraan, waa in aad ka warqabto, jiritaanka daaqaddaas. Ka warqabkaasi wuxuu kuu sahlayaa, ku baraarug sanaanta in aad yeelan karto dhalliilo, iyo arrimo badan, oo adiga qudhaadu aanad iska ogayn, sidaa darteed aysan ahayn in aad ku mashquusho qof kale ceebtiisa, adigu se naftaada aad isku hawsho. Markaanna waxa aad la iman doontaa is-dhuldhig iyo isa-sixid badan, taas oo kugu simi isbeddel togan iyo koboc joogta ah.

KUWAN BEDDEL

Si uu kuugu dhib yaraado safarka noloshaada aad ku baranayso, ee aad kolba wax ka mid ah daaha ka rogayso, gaar ahaan waxyaabaha ay tahay in aad wax ka beddesho, aynu iftiiminno wax ka mida ah waxyaabaha ay tahay qof in uu beddelo, si wixii adiga kuu gaar ah ee aan halkan ku jirin aad u sii raacsato. Arrimaha halka hoose ku taxan iyo kuwo aan halkan ku xusnaynba, waxa ay noqon karaan: kuwa aad ka warqabto, kuwa dadka qaar kugu ogyihiin, adigu se aanad ogayn. Waxa kale oo ay noqon karaan kuwo adiga iyo cid kale toona kaa aqoon, Alle mooyee.

Dabeecad qallafsan: waxa ka mid ah dabeecadaha qallafsan, dulqaad yari, hadal xumi, iyo cadho badni. Isweydii sida aad ula dhaqanto waalidkaaga, ama aad ula dhaqmi jirtay. Haddii aad reer leedahay, sidee ayaad ku tahay dabeecad ahaan xaaskaaga/ninkaaga. Eedaha laguu soo jeediyo, ma shaqsi ahaan baad u qaadataa, iyo in qabkaagii la dhaawacay, mise in aad tahay aadane gaf ka dhici karo, waxna hilmaami kara? Dulqaad intee leeg ayaad u leedahay cannaanta, dhibka, gefka iyo culeysyada kale ee nolosha. Intee ayaad awood u leedahay in aad naftaada xakamayso, kana xakamayso fal-celinta taban, marka aad cadhooto ama qabkaaga la daaro?

Kalsooni yaraan: waxa laga yaabaa, in ay jirto wax aanad ku qanacsanayn oo ka mid ah noloshaada, sida abuurkaaga, kartidaada, hayntaada, iyo garaadkaaga. Ma kula tahay in aad ganacsi abuuri karto, hantina yeelan karto? Mise waxa laga yaabaa in aad aaminsantahay, hantiilayaashu in ay kaa caqli badan yihiin, ama kaa nasiib badanyihiin? Ma kula tahay in aad baran karto aqoonta iyo xirfadda aad jeceshahay? Goorma ayaad hooseyn dareentaa, sida in lagaa karti badanyahay iwm?

Caafimaad: ma jiraa xanuun dhib kugu haya oo aad ka wahsato ama dhayalsato adigoo iska daaweyn kara? Ma kula tahay jimicsigu in uu faa'iido caafimaad leeyahay? Mase ogtahay waxa ugu fudud ee aad sameyn kartaa in ay tahay adigoo qolkaaga ku jira *20 daqiiqo* oo jimicsi ah?

Macsi: goorma ayay ahayd markii ugu dambeysay ee aad macsi sameyso? Ma ka toobad keentay, ka dib ma ka dheeraatay macsidii? Haddeer ma laga yaabaa in ay jirto macsi qarsoon ama cid gaari kula ogtahay? Intee ayay kugu soo dhacdaa in Alle aanay waxba ka qarsoomin?

Waqti lumis: toban sanno ka hor haddii aad dib u eegto, ma dareemaysaa warwar — in waqti badan kaaga lumay macno la'aan? Haddii ay tahay *haa*, wali xaaladdaas miyaad ku jirtaa, wax isbeddel ah se? Tobanka sano ee soo socda ka warran? Haddii uu Alle kugu simo, maxaa kaaga qorshe ah?

Aadanaha dabeecaddiisa rabbaaniga ah waxa ka mid ah, in aynu nahay kuwo hilmaam badan, wahsi badan, degdeg badan. Arrimahani waa kuwa keenaya in aynu ballamaha burinno, in gaf innaga dhaco, iyo in aynu dambi ku dhacno. Qaladaadka noocaas ahi marka ay innagu bataan, waxa ka dhalanaya marar badan in ay xumaato cilaaqada dhexdeenna taal, in aynu dib u dhacno, in aynu awoodaha

93

Rabbi inna siiyay ka faa'iideysan kari weyno, in aynu nafteenna xakamyn weynno, iyo xasillooni la'aan.

Dabeecadaha rabbaaniga ah ee aadanaha waxa inoo dheer cadow duullaan ku ah noloshaada, kaas oo raba in uu ku fashiliyo, ku hilmaamsiiyo, ku duufsado, khalkhal iyo shakina kugu rido. Cadawgaasi wuxu noqon karaa, mid gudahaaga ah, sida tabnaanta, nafta iyo hawo-raaca.
 Ibliis iyo kooxdiisa ayuu noqon karaa. Sidoo kale, dadku iyagaa cadaw isku noqon kara, marka ay is xaasidaan, iskuna xoog sheegtaan, iyada oo isla nafahooda iyo shaydaanku isku adeegsanayo. Sidaa darteed, waxa kula gudboon, baraarugsanaan badan, is-xisaabin joogta ah, is-barasho qoto dheer, iyo dhabar-adayg aad ku adkeyso qiyamtaada, kuna joogteyso isbeddelka togan.
Sida ugu fudud ee aad nafta ku xisaabin karto, ku baran karto, isla markaanna aad ku ogaan karto waxyaabaha ay tahay in aad beddesho, waxa weeyaan in aad ugu horreyn xisaabiso daqiiqadaha cimrigaaga, inta aad awooddo.

94

MAAREYN WAQTI

Odhaah ku qoran buuggayga, *maaree nololshaada, waqtigana ka faa'iideyso,* ayaa ahayd "Waqtiga waxba kama beddeli kartid, laakiin waxa aad maareyn kartaa noloshaada, haddii aad noloshaada maareysana, waxa aad ka faa'iideysan doontaa waqtiga". Hawl kasta iyo tallaabooyinka buugguba waxa ay kaaga baahanyiin, in aad firaaqo u heyso, haddii ay tahay feker, ficil, qaabeyn deegaan, iyo xisaabta naftuba. Si aad firaaqo u heshana, waa in aad ka tanaasusho wax aan qiimo kuu lahayn, kuna beddesho wax qiime kuu leh. Si aad u hesho, ugu yaraan feker toolmoon, muddo fasax ka qaado intan: shaqada, baraha bulshada iyo asxaabta, oo nafta waqti sii, su'aalana is weydii.

> "Waqtiga waxba kama beddeli kartid, laakiin waxa aad maareyn kartaa noloshaada; haddii aad noloshaada maareysana, waxa aad ka faa'iideysan waqtiga"

Nafta ma xisaabin kartid, haddii aanu jirin nidaam waqti, mid hawleed iyo mid xasuuseed, oo meel kuugu keydsan. Meelaha qofku dhacdooyinka iyo hawlihiisa uu ku keydsan karo waxa ka mid ah: Feker-keydin *(Journaling)*, Jadwal, iyo hawl-qodobbeyn *(To do list)*. Waana waxa ka dhigi kara isbeddelka togan mid ficil ahaan suurta gal ah. Kaas weeyaan ka hadhawna la qiimeyn karo, waayo waxa aad heysaa wax la xisaabin karo, si aad u qorsheyso mid cusub.

Jaan-goyn: waxa laga yaabaa in aad is tidhaahdo, qoraallada noocan ah ee jadwalku ka mid yahay, waa noloshii oo cidhiidhi la galiyay. Laakiin dhabtu waxa ay tahay, taa ka soo horjeedkeeda oo ah, marka aanu qofku lahayn keyd iyo qorshe joogta ah ayay noloshiisu cidhiidhi ku jirtaa, waayo waxa aynu joognaa duni ay buux dhaafiyeen tuugta waqtigu. Goor kasta mashquul baad tahay, waxa aad ku hawllantahayna inta badan ma aha wax oggolaansho kaa qaadanaya. Taleefanka aad gacanta ku hayso, muraayadda *TV-ga*, koombuyuuterka, mid uu noqdaba, waxa ay diyaar kuugu yihiin in aad adeegsato. Haddii aad iyaga ka soo fara baxdo, saaxiib soconaya ayaa albaabka ka soo gali doona ama adiga ayaa u dhaqaaqi doona, iyada oo naftu kugu hoggaaminayso kolba waxa ay rabto markaas. Haa, qofka aan waxba qorsheyn, hubaal wuxu qorsheeyay wax la'aan. Mar walba waad mashquuli doontaa, laakiin mashquulkaa kala ah: mid ah sidii aad ugu talo gashay, iyo mid aad sugayso dabayl dhanka ay kuu qaaddaba.

Dhawr arrimood ayaynu dul istaagi doonnaa, kuwaas oo kala ah: cidda u baahan jaangoyn jadwal, faa'iidada jadwalka, dheelli-tirka jadwalka, xidhiidhka hadafka iyo jadwalka, sifooyinka jadwalka, iyo qaar ka mid ah noocyadiisa.

Cidda u baahan: guud ahaan jadwal waxa u baahda qof leh han. Marka aad han sare yeelato, himilooyin ayaad dajin doontaa aad ku gaadho. Dabadeed himmilooyinku si ay u midha dhalaan, waqtiga ayaad ka faa'iideysan doontaa.

Faa'iidada jadwalka: inkastoo ay badanyihiin faa'iidooyinkiisu, haddana waxa jira kuwa si gaar ah ay

96

tahay in aynu ugu baraarugno. Tusaale ahaan, waxa aad kala habeysataa agabka iyo alaabaha guriga, qayb walbana waxa aad dhigataa meel u gaar ah, oo aad ugu soo hagaagto, sida kabaha, dharka, iyo buugta. Haddii wuxuba meel ku wada jiraan, waqti badan waxa kaa qaadan lahaa raadintooda iyo kala gurkooda. Sidaas oo kale, jadwalku waa meel aad ku kala habaysato hawlaha iyo qorshayaasha kala duwan, ee aad toddobaadka oo dhan leedahay, adigoo ku qoraya khaanad kasta hawl u gaar ah, iyo waqtiga aad ugu tala gashay in aad qabato, ka dib waxa meesha ka bixi doona in aad kala illawdo iyo in ay is dhex galaan, taas oo kugu keeni lahayd wareer iyo diiqad.

Dheelli-tirka jadwalka: habka jadwalka waa lagu kala duwanyahay, duruufaha kala gaddisan awgii. Waxa se jira waxyaabo aasaasi ah oo ka dhiga jadwalka mid guul kuu horseeda. Waxa ka mid ah, in aad u qaybiso tiirarkii nolosha, iyo kolba waxa aad rabto in aad beddesho ama nolosha ku soo kordhiso, iyo mashruucaaga gaarka ah *(life Career)*. Haddii ay bataan dhawr jadwal ayaad yeelan kartaa, sida mid u gaar ah masruucaaga nolosha. Hawl kastaana waa in ay u adeegayso hadaf guud, dhammaanna higsi guud.

Sifada jadwalka: Jadwalka waa in wax laga beddeli karo. Waa in uu yahay mid ay ku jiraan saacado nasasho. Waa in aanad ku darin hawlaha caadada kuu ah, sida guri hagaajin iyo cunto karin. Haddii se kuwaas aad caadeysatay qudhoodu yihiin mashruuc iyo hadaf aad leedahay, waa hawlaha ugu muhiimsan jadwalkaaga. Sidoo kale, magaca guud ku qori maysid jadwalka sida caafimaad,

97

waxbarasho, cibaado, iyo ganacsi. Waxa aad ku qoraysaa hawl maalmeed kuwa guud la xidhiidha kuguna simaya.

Mashquul: waxa dhici karta in aad is weydiiso, waxaas oo waqti ah xaggee laga helayaa? Waqti la'aani ma jirto waxa se jira kala-mudnaan siin la'aan, nidaam la'aan iyo xakamayn la'aan. Waxa aynu ka tanaasuli doonnaa saacado ka mid ah waqti meelo kale ku bixi jiray, markaas ayaynu wax kale kaga faa'iideysan doonnaa. Tusaale ahaan, waxa aad seexan jirtay sagaal saacadood, waxa aad ka jartay laba saacadood. Labadii, saacad ka mid ah waxa aad ku beddeshay soddon daqiiqo oo jimcsi ah iyo soddon akhris ah, saacadda kalana cilmi kaa maqnaa ayaad ku baran doontaa. Sidoo kale, baraha bulshada ayaad dhawr saacadood ku qaadan jirtay, oo waxa aad ku soo koobtay saacad. Ka dib ayaad qoyskaagii waqti u heshay. Sii wad uun. Nolosha mar walba waxa aad heli doontaa wax haddii aad wax ka dhinto aad wax kale ku buuxin karto.

Noocyada Jadwalka: raac midka ku habboon nolol maalmeedkaaga iyo jaaniskaaga.

Jaantuska 1aad: *Calaamaddani (__:__) waxay u taagantahay saacadda ay hawshaasi qaadanayso. Inta dhexe waxa lagu buuxinayaa saacad kasta iyo maalin kasta hawshaa loogu tala galay.*

WAQTI	Sbti	Axad	Isnin	Slsa	Arbca	Khms	Jmce
__:__	Toos						
__:__							
__:__							
__:__							
__:__							
__:__	seexo						

98

Jaantuska labaad: *(Xarfaha "B, T, J…" waxa ay u taaganyihiin hawlaha aad rabto in aad jadwalka ku xusto. Si aad u hubiso in ay qabsoomeen calaamadda (x) ayaad dhigaysaa maalinta iyo hawshu, halka ay iska jaraan*

HAWL	Sabti	Axad	Isnin	Slsa	Arbca	Khmis	Jmce
B	x		x		x	x	
T	x			x			x
J		x				x	
X			x				
KH	x	x		x	x	x	x

Farqiga u dhexeeya labada jadwal:

Haddii aad rabto inaad maalin gaar ah iyo saacad gaar ah joogteyso hawl, jadwalka hore ayaa habboon. Haddiise mashquul dartii kugu adagtahay sidaasi, jadwalka dambe raac oo ah, goortii aad haleesho. Muhiimaddu waa inaad maalintaa hawshaa fuliso uun.

Sidan haddii aad u jaangoyso waqtiga, marka aad soo toostaba waad taqaan hawshaada, tuugtii waqtigana waad iska waabin kartaa, haddii kale isla adiga ayaa isku noqon doona dilaaga waqtigiisa. Muddo ka dib, markii aad heshay wax ka mid ah natiijadii isbeddelka, waxa dhici karta in aad is dhigato una maleyso in aad soo gaadhay figtii. Mar labaad, guushu fig la gaadho ma aha, ee waa fanasho. Kolba waxa aad qiimeyn doontaa halka aad ka soo dhaqaaqday iyo halka aad marayso.

Waxa aad isweydiin doontaa: guushu ma meel bay ku dhamaataa marka la gaadho, mise waa halgan iyo geeddi nolosha oo idil ah? Maxaa cusub ee aad beddeli kartaa, maxaa ay tahay in aad soo kordhiso, maxaa ay tahay in aad

99

sii horumariso? Ilmuhu inta uu yaryahay, kolba wax cusub ayuu bartaa. Marka aynu se weynaanno, waxa aynu joojinnaa barashada iyo kobaca, taasina waxa ay keentaa in badan oo innaga mid ah, cimri mooyee wax kale in uusan u kordhin.

Tallaabooyinkii aad soo qaadday, waxa ay noqonayaan kuwo aan midha dhalin, sababtoo ah dhabqiyayaasha nolosha oo badan, iyo xanuunka ama xiisa la'aanta billawga isbeddelka iman kara. Sidaa darteed, dhabar-adayg, dhabar-adayg waa lama huraan. Tallaabada u dambeysa iyo dhabar-adayg.

6

Tallaabada Lixaad:

DHABAR-ADAYG

"Waxaan ahay aad yar socod, laakiin waligay
dib uma noqon"

-Abraham Lincolm

JOOGTEYN

Waxa fekerka dhammeystiraa waa ficilka la joogteeyo. Waxa jira hal-abuur badan oo adduunka wax wanaagsan oo manfac leh ku soo kordhiyay. Dhammaan markii hore fekrado ayay heleen iyaga ku dhashay ama ay soo ergaysteen, ka dibna waxa u muuqatay muhiimadda ay leedahay haddii ay dadaal galiyaan fekerkaas, sida uu adduunka wax uga baddeli karo. Si kale, feker ka dib, sabab xooggan ayay heleen oo ay ku qaataan go'aanno. Waxa ay se ku kala duwanaadeen, kuwana markii ay hirgaliyeen fekerkii dhexda ayay kaga hadheen, kuwana dhabar-adeyg ayay muujiyeen. Badankoodu waa ay ka sinnaayeen in ay billawga la kulmeen caqabado, sida mid dhaqaale, niyad jab, iyo duruufo kalaba. Laakiin kuwana waa ay ka dhex baxeen, sida waranka, caqabadihii, kuwana way is dhiibeen.

Waana ta keenta in malaayiin fekradood, oo qurux badan qubuuraha lagu duugo, iyada oo aan la dheefsan. Fekradaha qaar adduunkaba may arag, oo iyagoo wali riyo uun ku kooban, ayaa lala duugay saaxiibkood, kuwana markii la isku dayay, ayaa laga hadhay. Inta maanta loo aayay waa intii la la hirgaliyay, lana sii joogteeyay. Laba arrimood ayaa joogteynta suurta gal ka dhiga: *Dulqaadka iyo dabacsanida*. Labadaa la'aantood in aad ku sii dhabar-adaygto go'aannada ma sahlanaa.

Dulqaadka: in aad dulqaadato inta uu caado ka noqonayo isbeddelku, haddii ay tahay wax la joojinayo, la billaabayo, la kordhinayo, la dhimayo, intaba. In badan oo innaga mid ah fashilkoodu wuxu ku salaysanyahay, marka hore filashada kuma sii darsadaan muddada ay ku qaadan karto, sidoo kale xisaab ma sameeyaan ah, caadiyan inta ay qof ku qaadan karto? Maxaa sababi kara in ay muddadu dheeraato? Maxaa se igu sugi kara, in aan waqti dheer ku sabro? Xisaabta oo aynu *tallaabada shanaad* ku soo aragnay, waxa ay kuu sahli doontaa in aad waaqici noqoto, oo aad ogaato, marka aad adigu ka gaabisay dhankaaga dadaal lagaaga baahnaa iyo haddii ay tahay in caqabado aanad ka gudbi karin kaa hor yimaaddeen, labadaba. Haddii aad qorsheysay, intii awooddaada ahaydna aad dadaashay, laba mid ayuun bay noqon doontaa natiijadu: *guul ama guuldarro.* Natiijo kasta oo wanaagsan marka aad Alle ugu mahad naqdo, fashilka iyo caqabadahana aad ku samirto, waxa kuu dhib yaraan doona, in aad dulqaad u yeelato hawsha sii wadkeeda, kuna raaxaysato xanuunka rumeynta riyada.

> Natiijo kasta oo wanaagsan, marka aad Alle ugu mahad naqdo; fashilka iyo caqabadahana aad ku samirto; waxa kuu dhib yaraan, in aad dul-qaad u yeelato hawsha sii wadkeeda, kuna raaxaysato xanuunka rumeynta riyada.

Dabacsani *(flexibility):* arrinta labaad ee joogteynta suurta gal ka dhigtaa waa dabacsanida. Tusaale ahaan, haddii ay kaa hor yimaaddaan caqabado aanad filayn, markaba ha is-dhiibin. Waxa laga yaabaa, in dariiqa aad u maraysay ay tahay, in aad wax ka beddesho. Sidoo kale, waxa suurta gal ah, in aad u baahantahay uun talooyin cusub. Waxa dhici karta, in kaliya adkaysi yar lagaaga baahdo. Laakiin haddii marka caqabad yar oo aanad filayn kaa hor timaaddo aad hore ka quusato, una maleyso waxani in uusan suurta gal ahayn, macnahu waa dabacsani la'aan.

Midna xasuusnow, muhiim ma aha in aad himilada iyo hiraalka aad wax ka beddesho. Waxa aad beddelaysaa waa qorshaha, haddii loo baahdo. Ha yeelan dabeecadda dhagaxa, ee markan oo kale waxa aad noqotaa sida biyaha. Biyaha haddii caqabadi ka hor timaaddo, way ka leexdaan ama waa ay dul maraan, ama waa ay ka hoos baxaan, taas oo ku xidhan kolba nooca caqabadda, xaddiga iyo xawaaraha biyaha. Sidaas oo kale, in aad dabacsani muujisaa waxa ay ku xidhantahay, heerka caqabadaha kaa hor yimid, iyo waxa aad kala hor tagtay, oo ah xoogganida sababtaada iyo heerka rabitaankaagu gaadhsiisnaa. Markaas ayaad la iman doontaa kolba sidii ugu suurta galsan ee aad caqabaddaa uga gudbi lahayd.

Faa'iidada Joogteynta:

Xadiis Nabiga (scw) laga soo wariyay, ayaa wuxu ahaa: "ku dhabar-adayga camalka wanaagsan. Hawl waxa ugu khayr badan, midda la joogteeyo, haba yaraatee".

Labada daaroodba aynu eegno, dhanka aakhiro, waxa ku anfacaya, iyo dhanka adduunba. Ugu horreyn, labada camal ee labada daarood, maxaa ka dhaxeeya? Wax kasta, oo caafimaadkaaga, cirdigaaga, maalkaaga iyo maankaaga, aan faa'iido u lahayn adduunka, xumaan iyo waxyeello mooyaane, aakhirana kuuma wanaagsana. Sidaas oo kale, wax kasta oo kuu wanaagsan adduunka, naf ahaan, qoys ahaan iyo maal ahaan, aakhirana waxtar buu kuu leeyahay.

Tusaale ahaan maandooriyuhu haddii uu adduunka u daranyahay maanka, muuqa iyo maalka, aakhirana waa kuu khasaare. Haddii aad hagaajiso hurdada, salaadda, guurka, iyo aqoonta, ka dibna ay ku anfacaan adduunka, oo aad ka hesho xasillooni, akhlaaq iyo tamar, aakhirana wanaag ayay kuu horseedi doonaan. Bal u fiirso qaanuunka rabbaaniga ah, ee Alle (swt) innoogu naxariistay. Miyaanay ahayn wax marka dhugmo dheer loo yeesho, kordhinaya jacaylka aad Raxmaanka u qabto. Miyaanay cadddeyn kuugu filnayn, Caaddilku in uusan cidna dulmin, illaa aynu innagu nafaheenna hoog iyo halaag u soo jiidno, mooyee.

Waxa se is weydiin leh, yaa marka hore kuu sheegaya, waxa kuu wanaagsan adduunka iyo waxa kale? Ma caqligaa, ma naftu waxa ay jeclaataa, mise wuxu saaxiibkaa jecelyahay ayaa adna kuu wacan? Maya, caqliga, nafta iyo saaxiibku, kaligood haddii aad isku halleyso, ma kala saari kartid waxa kuu wanaagsan iyo waxa kale. Waayo, wax badan oo naftu jeceshahay, saaxiibkuna yeesho, maankuna ku mammo, waxa ka mid noqon kara maandooriyaha iyo wax badan oo aan aakhira u wanaagsanayn. Waa sababta, ay waajib u tahay aadanahu in uu mar walba ula noqdo wax walba Abuuraha *(Khaaliqa)*. Sidaas si la mid ah, aadanahu marka uu wax sameeyo, waxaasina u baahdo farsamo iyo barasho, wuxu ula noqdaa kii soo macmalay, ama buugga, iyo macallimiinta aqoonta u leh. Allana (swt) abuurkiisa Nabi iyo Kitaab ayuu soo raaciyay.

Diin ahaan wixii xalaal ah ama ajar aynu ka helayno adduunkana waa uu inna anfacayaa, aynu ka war qabno, ama yaynaan ka war qabin. Qasab ma aha in wax kasta oo innoo wanaagsan aakhiro aynu ogaanno manfaca innoogu jira adduunka. Hubaal, in yar ayaynu ka ognahay. Laakiin taasi muhiim ma aha. Qofka iimaanka leh, wuxuun buu ku darsan doonaa nimcooyinka faraha badan, ee la inoo sheegay in aynaan tirin karin, iyo awoodaha Alle, ee aynaan qiyaasi karin.

Xadiiskii u soo noqo – dhanka joogteynta, iyo labada daarood.

Aakhiro waxa kuu wanaagsan: Salaaddu haddii ay joogta tahay, waa camal kuu wanaagsan, waxaanad ka khayr badantahay midka salaaddu kolba ka tagto. Sidaas oo kale, haddii aad akhrido Qur'aan, sannadkii laba goor oo kaliya, waxa ka khayr badan marka aad maalin kasta akhrido, hal bog oo kaliyana ha ahaatee.

Adduunka waxa kuu wanaagsan: haddii aad sameyso jimicsi bishii maalin oo aad laba saacadood qaad-qaaddo bir culus, si fiicanna u oroddo, iskuna kala bixiso, waxa kaaga caafimaad badan, jidh ahaan, jimicsi fudud, oo *15 ama 20 daqiiqo* kaliya ah marka aad maalin kasta ama toddobaadkii afar maalmood u sameyso, si joogto ah.

"ku dhabar-adayga camalka wanaagsan. Hawl waxa ugu khayr badan, midda la joogteeyo, haba yaraatee". – Xadiis

Sidaas oo kale, haddii aad sannadkii laba ama saddex buug akhrido, waxa kaaga faa'iido badan, maskax ahaan iyo aqoon ahaan, marka aad labadii toddobaad ama bishiiba buug dhammeyso, adiga oo maalin walba 10 illaa 30 bog akhrinaya, kolba sidii aad waqti u hesho. Camalka togan ee la joogteeyaa, haba yaraadee, wuu ka faa'iido badanyahay, mid kolba la joojiyo, diin ahaan, jidh ahaan, dhaqaale ahaa iyo aqoon ahaan, intaba

KOLBA IN YAR

Haddii aad is tidhaahdo, kaligaa neef geela cun, hal meel kuma cuni kartid, haddii se aad yaryareysato, muddo ka dib waad dhammeyn doontaa. Sidaas oo kale, ilmaha yari marka uu dhasho, dhawrkii billoodba isku day cusub ayuu la yimaaddaa. Mar uu fadhiisto, mar uu guurguurto, mar uu hadaaqo, mar uu istaago, mar uu dhaqaaqo, mar uu ordo, illaa uu ka hadal baranayo. Marxaladahaas marka uu ka soo gudbo, wuxu haddana galaa marxalad kale oo horumar ah. Dhaawac kasta oo soo gaadha iyo muddo kasta oo ay ku qaadatana, ma quusto. Isbeddelka iyo guushuna isla dariiqaas oo kale ayay tahay in loo maro.

Caqabadaha innaga hor taagan horumarka ayaa waxa ka mid ah, in aynu degdeg ka sameysannahay. Waxa aynu maanta go'aansanno, isla berri midhihiisii ayaynu rabnaa. Qof ayaa wuxu rabaa, in uu iska rido miisaanka jidhkiisa, laba saddex Maalmood marka uu jimicsi sameeyo, ayuu arkayaa in aysan waxba iska beddelin, markaas ayuu daal dareemi, oo dabadeed horana ka quusan. Mid ayaa ganacsi isku dayi doona, dabadeed laba jeer haddii uu khasaaro, farahu ayuu ka qaadayaa. Qof ayaa raba in uu balwad iska daayo, maalmo yar ka dib haddii uu madaxu yara xanuuno, wuxu odhan doonaa iska deyn kari waayay. Laakiin qofkani xisaabtaba kuma sii darsan, in ay sannado ku qaadatay markii uu balwaddan qabatimaayay, isla sidaas oo kalana ay tahay marka uu joojinayana waqti ku filan in uu qaato; inta unugyada jidhka iyo dheecaannada maskaxdu dib ula fal galayaan isbeddelka cusub. Muddada

109

aynu ku guda jirno socdaalka dhanka isbeddelka togan, waxa ay innooga baahantahay in aynu joogteynno, kuna samirno. Waxa badan, kuwo innaga mid ah, oo markii ay wax yar uga dhinnayd hanashada hadaf ay lahaayeen, niyad jabay. Laba jeerba kuma khasaaraysid safarka isbeddelka togan: haddii waxa aad u socotaa wanaag mooyee aanu xumaan ahayn—dhanka aakhiro isku deyga aad la timid, ajar baa kuugu jira, xataa haddii aad ku guul darraysato. Dhanka adduunkana waxa kuu biiri doona waayo-aragnimo iyo hal-adayg aad mar dambe u aayi doonto. Sidaa darteed, ha degdegin.

Isbeddelku ma aha mid aad qof dartii u sameynayso, mana aha mid aad adduun ku rabto. Isbeddelka togani waa mid ku salaysan han sare, oo aad ku rabto in aad is tijaabiso waxa aad qaban karto ee wanaagsan, adigoo naftaada iyo dadkaagaba anfacaya, aakhirana ajar ku raba. Kolba waxa aad markaa gacanta ku haysana u qabanaya sida ugu wanaagsan, ee aad awooddo, adiga oo aan dadaal yaraysanayn, natiijaduna aanay kugu hayn war-war iyo walaac

Bal u fiirso sheekadan soo socota, iyo sida isbeddelku ku iman karo, kolba in yar, marba qayb, iyada oo laga yaabo in aanad kaba war qabin, muddada kala guurka.

Saddex saaxiib:

Waxa jiray saddex saaxiib oo magacyadooda la kala odhan jiray: **Caadi, Cawaale** iyo **Caame**. Waxa ay ku kala noolaayeen guryo isku dhaw. Saddexdan saaxiib, waxa ay

110

billawgii saaxiibtinimadooda ka sinnaayeen waxyaalo
badan, sida:

- Waxa ay ahaayeen isku da' iyo isku miisaan jidheed.
- Intuba, isku waqti ayay guursadeen.
- Aqoonta iyo garaadka waa ay isku dhawaayeen.
- Shaqada iyo jeebka, ma ay kala fogeyn.
- Qiyam iska ag dhaw, ayay saaxiib ku ahaayeen.
- Waxa aad moodeysay in ay mataano ahaayeen, dhan
  walba nolosha. Kaliya qoys ahaan iyo muuqaal
  ahaan ayay kala duwanaayeen.

Noloshu ma aha, mid had iyo jeer xawaare isku mid ah ku
socoto, jihadadeeduna goor walba ay sugantahay.
Dabeysha waayaha iyo deegaanka kugu xeeraan ayaa
marar badan kaa xoog badan kara, oo saaxiib iyo walaalba
idin kala kaxeyn. Waana ta ku dhacday saaxiibbadii isku
sar go'naa. In kasta oo aysan dareemeyn, waxa ku socda
khasaare iyo wanaag midda uu ahaa, isbeddelkuna aanu
ahayn mid ku soo boodda ah. Muddo sannado kooban ah,
xaggee ayay ku kala dambeeyeen nolosha, sidee ayay u kala
tageen, maxaa se kala reebay, saddexdii saaxiib?

Mudane Caadi: wuxu ahaa horraantii mid sameeya uun
wuxu waligiiba sameyn jiray. Dadaalkiisa, dhaqaalihiisa
iyo aqoontiisa, midna ma is dhimin, mana kordhin. Caadi,
wuxu ka caban jiray, isbeddelku in uusan dhib yarayn.

Mudane Cawaale: wuxu billaabay waxoogaa isbeddel
togan ah. Wuxu hore u qaaday tallaabooyin yaryar, oo aan

la dareemayn, sida in uu akhriyo maalin kasta dhawr bog, oo ka mid ah buugta wanaagsan ama saameynta leh. In uu dhageysto *20 ama 30 daqiiqo,* oo ah dhageysi faa'iido leh. Wuxu wax akhriyaa ama dhageystaa firaaqo kasta oo soo marta, haddii uu gaadhi wado, iyo marka uu wax sugayo, sida dhakhtar iyo wax la mid ah. Cawaale, kaliya dhawaanahan ayuu la kulmay wax saameeyay noloshiisa, ka dibna wuxu billaabay in uu wax ka beddelo sidii uu ahaan jiray. Caafimaadkiisa ayuu daryeelaa, in ka badan intii hore, wuxu dhimay sonkortii iyo dufankii badnaa. Wuxu soo kordhiyay in uu maalin kasta socdo masaafo *hal mayl* ah, sida in uu masaajidka u lugeeyo. Wuxu maalin kasta akhriyaa dhawr bog oo Qur'aan ah iyo adkaar joogto ah. Toddobaadkii maalin ayuu qaad cuni jiray, tiina gabi ahaanba wuu joojiyay. Wuxu soo kordhiyay jadwal uu raaco, oo uu ku jaan-gooyay hawlihiisa iyo arrimihiisa gaark ah. Wuxu ku daray jadwalka saacado iyo maalin u gaar ah reerkiisa, oo ay bannaanka u wada baxaan ama guriga ku wada qaataan, waqti tayo leh.

Mudane Caame *(saaxiibka saddexaad):* dhawaanahan wuxu soo iibsaday muraayad *TV* oo qolkiisa u gaar ah, wuxuuna aad u daawada warar iyo barnaamijyo maaweelo ah, oo aad u tira badan. Wuxu bannaanka ka dalbadaa cuntooyin, aan caafimaadka u fiicnayn. Wuxu badsaday shaah macaan badan. Socod mar hore ayaa ugu dambeysay. Waa mar uu shaqo joogo, gaadhi wado, guri fadhiyo, iyo ammin badan oo uu ku fooganyahay baraha bulshada. Noloshiisa waxa ku soo biiray saaxiibbo cusub, oo qaarkood balwado xun

112

leeyihiin. Dabeecaddiisii iyo dhaqankiisii ayaa is beddelay. Waxa baryahan dambe batay isku dhaca isaga iyo xaaskiisa, oo dhibsatay isbeddelka taban ee ku socda seygeeda, oo ay ku taqaannay kuna guursatay dabeecad iyo dhaqan sidan ka wanaagsan. Caame wax ka sii dhaca mooyee, wax ku soo biira ma jiro maalmahan, dhan walba.

Muddo shan biloood ah oo ay xaaladahan cusub kala galeen saaxiibbadii saddexda ahaa wax farqi ah, oo sidaa u weyn uma dhaxeeyo. Wali muuq ahaan, dabci ahaan, iyo caafimad ahaan, waa isku mid. Kaliya, Cawaale wuxu sii joogteeyay dhaqannadii wanaagsanaa ee ku cusbaa. Caadina, wuxu iska yahay, sidii uu ahaa, sababtoo ah, wali hab fekerkiisii waxba iskama ay baddelin. Caame, waxoogaa habdhaqanno aan qurux badnayn, ayuu sii joogteeyaa, oo aan wali aad uga soo if bixin, lagana dareemayn.

Shan bilood iyo sannad toona ma aha wali waqti ku filan, qof isbeddel yar oo aan badneyn noloshiisa ku soo kordhiyay ama ka dhimay, in lagu dareemo. Xataa, haddii la cabbiro culeyska miisaanka jidhkooda, wali farqi weyn uma dhaxeeyo. Siddeed iyo toban billood ka dib, waxa la dareemi karaa, lana arki karaa, kala duwanaashaha soo wajahaya saddexdii saaxiib. Laakiin qiyaastii waqti ku dhaw shan iyo labaaatan bilood, waxa si weyn u soo muuqday isbeddelka yimid, iyo halka la kala tagay. Soddon biloood ka dib, waxa laga yaabaa in aad is weydiiso, ma saddexdan qof ayaa beri nolosha dhan walba isku mid ahaa?

113

Caadi, wali waa sidiisii, wax kama dhicin, waxna kuma biirin. **Caame,** caafimaadkiisu ma aha mid wanaagsan. Waxa intaas u dheer, burbur qoys, cibaado la'aan, farxad yaraan iyo dhaqaale xumo. **Cawaale,** isaga waxa la moodaa in uu sameeyo jidh-dhis, isagoon xaqiiqdii tagin goobahaas. Haddana kaliya in uu wax ka beddelay nidaamkii cunnada, socodkii maalinlaha ahaa, ee uu caadeystay iyo taxaddarkii uu ka dhawrsaday wax aan u wanaagsanayn, ayuunba sidan u qaabeeyay. Cawaale, isbeddelka togan ee ku yimid waa mid dhan walba leh: qoys qurxoon, shaqo xasilloon, iyo feker sarreeya, oo uu ka dhaxlay akhriskii badnaa iyo deegaankii uu wax ka beddelay.

Haddii aad u fiirsato noloshaada, saddex mid uun baad tahay ama aad noqon doontaa, oo kala ah: sida aad tahay uun in aad ahaato; in adiga oo aan is ogayn aad qaadato fekerro iyo go'aanno taban, noloshaaduna maalinba aadyar dib u sii gurato. Waxa kale, oo ay noqon kartaa in aad ugu tala gasho, go'aanno togan iyo isbeddelo yaryar oo hore-socod keena. Mar walba doorashada iyo masuuliyadda adigaa leh.

SADDEX SAAXIIB

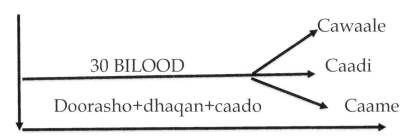

KU RAAXAYSO SHAQADA

Hadaf in aad dajisaa waa muhiim. Laakiin haddii aad billawdo nidaamkii iyo hawshii aad ku hanan lahayd, iska hilmaan hadafka. In badan, waxa ina seejiya tayeynta iyo kor u qaadidda hawsha aynu gacanta ku hayno, waxa aynu ku maqannahay yoolka. Haddii hadaf aad leedahay, hadafkaasi wax kale ma aha, ee waa waxaas imaka aad gacanta ku hayso. Si kale, waa shaqada aad kolba hayso. Waxa aan ka korodhsaday aragti sidaas oo kale ah, *Scott Adams* buuggiisa *(How to Fail at Almost EveryThing and Still Win Big)*. Dabadeed sidee hadafka loo hilmaamayaa ayaan is weydiiyay.

Markii aan u sii fiirfiirsaday aragtiyaha kale ee la midka ah, iyo isla qoraaga buuggiisa, ujeeddadii way ii dhaadhacday. Hadafku wali waa muhiim, waana la dajinayaa, waana jihada iyo dariiqa aad u qaadayso hankaaga iyo sawirka guud, ee aad higsanayso. Laakiin, waa in uu jiraa nidaam *(system)* aad ku gaadho sawirka guud. Nidaamku wuxu kaa rabaa, muddo in aad ku hawllanaato. Haddii se niyaddu wali ku maqantahay yoolka, waxa kugu adkaan doona dulqaadkii hawsha iyo ku raaxaysigeedii ahaa in aad tallaabo tallaabo u qaaddo nidaamkaa kuu dajisan, ee aad ku maraysa guud ahaan jidka guusha.

Tusaale ahaan, haddii aad tahay ciyaartooy kubbadda cagta ah, waxa qasab ah in aad leedihiin tabobbare. Muddo ayaa la idin soo laylin doonaa, oo nidaam ayaa la idiin sameyn doonaa ku saabsan qof kasta iyo doorkiisa, iyo goobta uu ka ciyaarayo. Hubaal, hadaf guud iyo mid gaar ahiba waa jiraa, waxa ayna kala yihiin: Hadaf guud oo ah, in kooxdu noqoto ta ugu wanaagsan kooxaha dhiggeeda ah, iyo hadafka kaas ka sii dhaw oo ah in koobka tartanka markaa jooga ay ku guuleysato kooxdu. Yool kalana waa midka taagan markaa, oo ah in ay kooxdu badiso ciyaarta haddeer joogta. Sidaas ayuu hadafku muhiim u yahay, mid walbana mid buu kugu xidhayaa.

Ka warran, haddii ciyaartoygu dhammaan goolka uun kubbadda kula yaacaan, oo kii qabtaaba uu damco in uu degdeg gool u dhaliyo. Kooxda kalana ay raacaan nidaam ah, goolku ha dhasho ama yuusan dhalan, waa in kubbadda qof walba qofka kaga habboon u dhiibto, jaaniska ugu habboonna gool lagu dhaliyo, inta ka horreysana aan la khasaarin. Labadaa kooxood yay kula tahay guushu in ay raaci doonto? Hubaal, kooxda nidaamka raacaysa, halka kooxda goolka uun ku sii maqanna ay guuldarro kala tagi doonto, gaar ahaan haddii labada kooxood isku awood yihiin. Su'aal kale, kuwee ciyaarta ku raaxaysanaya, oo si xarago leh u qabanaya hawsha? Dabcan, isla kooxda nidaamka raacaysa. Kubbadda raaxadeeduba waa isku dhiibka iyo kolba sida ay kooxdu isula jaan qaaddo. Hadafyada iyo nidaamka noloshuna waa sidaas oo kale.

Yoolku ma aha natiijada. Natiijadu waa abaalmarin, lana heli karo lana waayi karo. Laakiin guusha dhabta ahi waxa ay ku jirtaa, ku hawllanaanta xaqiijinta hadafka. Sidaa daraaddeed, himilada daji, balse jidkaad u marayso, degganaan iyo degdeg la'aan ku mar. Marka aad si xammaasad leh u soo shaqeysay, adigoo jacayl u qaba kolba hawsha aad hayso, sidaana aad ku rumeyso riyo aad lahayd, waxa aad dhadhamin doontaa guusha dhabta ah. Markaas ayaad ogaan doontaa guushuba in ay tahay shaqo joogta ah oo isbiirsatay, la joogteeyay, laguna dhabar-adeygay billawga hore, oo leh daal iyo xannuun yar, marka la caadeystana, macaankeedu yimaaddo laguna raaxeysto.

Aynu soo qaadanno dhawr tusaale oo kale;

Tusaalaha 1aad: buuggan qoristiisa, haddii waxa iigu muhiimsan noqon lahaa, dhammeystirikiisa, waan deg-degi lahaa, waqtiguna wuu igu dheeraan lahaa, ka dib farriintu sidaan rabay uma ay gudubteen. Waxa se taa iiga muhiimsanaa, in aan qoro, taasina waxa ay ii suurta galisay in aan joogteeyo, oo aan mar ba wax yar qoro, anigoon wax warwar ka qabin natiijada buugga.

Tusaalaha 2aad: haddii hadafku ahaa miisaan-dhimis, jimicsiguna wali aanu caado kuu noqon, marka aad muddo waddo, ee aad aragto in aanu wali miisaan kaa dhicin, waad niyad jabi, waayo waxa aad mashquul ku tahay hadafka, waxa aanad hilaamaysaa faa'iidooyinka kale, ee aad ka helayso jimcsiga. Waa in uu jiro macne kale, oo suurta galinaya in aad sii waddo hawsha.

Tusaalaha 3aad: Hooyadu ilmahaeeda ma dhibsato inta uu yaryahay, ee uu hawsha badan uga baahanyahay, mana tidhaahdo, maad dhakhso u weynaatid, maan ku arko adoo

117

waxbartay, guursaday, shaqeeyay. Marxalad kasta, oo noloshiisa ka mid ah, hooyadu waa ay ku indha doogsataa ubadkeeda. Ma dhibsato, mana ka daasho. Hankeeda iyo waxa ay la rabtaana, ma seejiyaan waajibkii haddeer looga baahnaa.

Afar qodob, ayay hawl iyo shaqo kasta oo aynu haynaa innooga baahanyihiin, waxaana ka mid ah:

1. In aad u qabato hawsha sida ugu wanaagsan, oo ah daacadnimo, dadaal, iyo waqti ilaalin.
2. In aad dabeecad wanaagsan kula dhaqanto, inta aad hawl wadaag tihiin.
3. In aad kobciso kolba aqoonta shaqada aad hayso.
4. In aad ku raaxaysato qabashadeeda. Waa suurta gal, in aad dhibsato billawga, haddii se aad ku sii dhabar-adaygto, waad caadeysan doontaa, ka dibna jeclaan doontaa.

Shaqadu waxa ay noqon kartaa hawl adiga kuu gaar ah, sida midda isbeddelka — tusaale ahaan, hawl aad ku joojinayso balwad xun, mid aad ku caadeysanayso dhaqan wanaagsan, mid aad wax ku baranayso, ama horumar iyo hal-abuur aad ku hirgalinayso. Waxa kale oo ay noqon kartaa, hawl aad cid kale u hayso. Labada goorba qodobbadani waa muhiim. Afarta qodob la'aantood waxa aad ku waayi doontaa, naftaadu horumar sameyn mayso, farxad la'aan iyo diiqadna waad ku qaadan doontaa shaqada. Haddii aad la timaaddo se, shaqadau waxa ay noqon doontaa, meel aad nafta ku carbiso, himiladaadana ku gaadho. Shaqo kasta oo aad haddeer hayso, ama aad hore u soo qabatayna waa iskuul ka mid ah iskuullada

118

nolosha ee ay tahay in aad ka barato wax aanad ka soo baran kuwii fasallada ka koobnaa. Dadkoo dhamina, isku si wax ugama bartaan shaqada iyo iskuulkaba. Waxa aad ku baran kartaa shaqada, in aad kor u qaaddo xirfadda iyo tayada hoggaamineed. Waayo, hoggaamintu waxa ay u baahnatahay hal-abuur, karti, dad la dhaqan, dulqaad, iyo daacadnimo.

Arrimaha dadka niyad jabka ku keena, waxa ka mida ah, natiijada guusha ee dadka kale, taas oo mararka qaar ku dadajinaysa adigoo is leh, qofkani sidan haddii uu sameeyay adna hore u samee. Laakiin, waa in aad xisaabta ku darsato, guul kasta oo ku cajab galisa, waxa ka horreeyay fashil, daal iyo dadaal soo taxnaa muddo. Waxa kale oo ka mid ah waxyaabaha ku han-jabin kara, waqtiga iyo da'da. Waxa suurta gal ah, in aad aragto qof da'yar, oo waxa aad higsanayso isagu heer ka gaadhay, ka dibna aad isku aragto in aad adigu habsan tahay.

Bini'aadanku isku waqti ma aha, marka ay tahay cimriga iyo qofku sida uu uga faa'iideysto. Waxa jira qof isagoo carruur ah ku ababay nolol han iyo nidaam ku dhisan, ka dib qofkaasi heer ka gaadhay hammigiisii isagoo wali dhallinyar ah, dunidana laga yaabo in uu ka tagay isagoo ah afartan ama ka yar. Waxa dhici karta, in mid kale isagoo da'diisu tahay afartan uu billaabo hammigiisa, ka dibna xaqiijiyo marka uu gaadho lixdan. Muhiimaddu ma aha xaaladda aad ku jirto iyo waqtiga aad haysato ee waxa muhiim ah in rabitaan iyo hadaf cad jiro, maankuna degganyahay, oo aanu degdegayn. Isbeddel kasta oo aad rabto iyo korriin kasta oo aad damacdo, waxa aad u baahantahay dhaqanno iyo hab feker togan, oo aad joogtayso, kuna samirto, kolba in yar, marba qayb.

119

Ku raaxayso dariiqa, oo iska hilmaam hadafka. Iyadoo hadafku cadyahay, haddana hadafka sida aad ku gaadhaysaa waa shaqo kaaga baahan dulqaad iyo dabacsani. Hawlaha qaar xirfad ayay kaaga baahan, kuwana kaliya in aad ku dhabar-adaygto, inta aad ka caadeysanayso. Muddada aad caadeysanayso, waa in ay jiraan sababo kale, oo kuu suurta galinaya joogteynta, haddii hadafka la gaadho iyo haddii kalaba.

Su'aashu se waxay tahay, sidee caado cusub loo abuuran karaa? Aynu wax ka taabanno jawaabta su'aashan.

CAADAYSI

Caadaysi waxa la dhahaa waxa la qabatimo, qof ahaan ama bulsho ahaan, illaa qofku is arko, in uu sameeyo, ku fekero ama dareemo, isagoon mararka qaar kaba war qabin. Waxa la caadeystaa wuxu noqon karaa feker, dareen iyo fal, intaba. Tusaale ahaan, ficilka waxa ka mid ah balwadda, haddii ay tahay midda xun iyo midda wanaagsanba. Waa wax qof muddo waday, ka dibna, ku mamay iskana deyn kari waayay. Marka wax caado kuu noqdo, naftaadaa jeclanaysaa.

> "Marka hore waxa aynu sameysannaa caadooyin, ka dib ayay caadooyinkii, nolosheenna qaabeeyaan"
>
> *-John Dryden*

Gabyaa Ingriis ahaa, lana yidhaahdo *John Dryden* ayaa yidhi, "Marka hore waxa aynu sameysannaa caadooyin, ka dib ayay caadooyinkii, nolosheenna qaabeeyaan".

Dhawr arrimood, haddii aad sameyso, gaar ahaan muddada ay naftu ku qabatimayso, waxa aad abuuran kartaa caado cusub.

1. Sameyso wax ku xasuusiya, adiga oo adeegsanaya dareemayaashaada, oo marka aad aragto ama maqasho, hore aad ka xasuusato.
2. Hadaf guud waa in uu jiro, oo aad u kaashanayso caadadan cusub ee aad rabto in aad yeelato.

Hadafku wuxu kuu muujinayaa macnaha iyo sababta. Mar kasta oo sababtu kuu sii caddaato, waxa aad sii jeclaanaysaa hawshii aad haysay. (*Sabab, tallaabada 2aad*).

3. Raadso cid aad is xasuusisaan, iska caawisaan, iskuna dhiirrigalisaan. Ha noqdo, qof adiga si gaar ah kuu caawinaya ama qof aad is caawinaysaan. (*Iskaashi, Tallaabada 4aad*).

4. Waxa aad caadaysan rabto, waa in uu qayb ka noqdo jadwalkaaga, joogtada ah; sidoo kale, waa in uu jiro xaddi iyo waqti go'an. Tusaale ahaan, haddii uu yahay *akhriska*, maalin kasta in aad akhrido *15 bog*, ugu yaraan, muddo laba billood ah. Sidaa darteed, waa in aad waqtiga maareyso (*Is-xisaabin, tallaabada shanaad*)

5. Ku dhabar-adayg, muddada ay caadadu ku samaysmayso, waayo waxa laga yaabaa, in uu yahay wax aanad jeclaysan qabashadiisa, inta hore. Inkasta oo la yidhaahdo, laba billood ayaa lagu abuuran karaa caado cusub, waxa se ka habboon in ka badan, in aad ku sii yara dhabar-adaygto, waayo caadada liidataba sannado ayaad soo wadday, tan wanaagsanna muddo ku samir. (*Dhabar-adayg, tallaabada lixaad*)

Mareegta caadeysiga (*The Habit Loop*): waa cilmi baadhis uu ku xusay *Charless Duhigg* buuggiisa *The Power of Habit*. Mareegtu waxa ay ka koobantahay saddex qaybood oo kala ah: Cariye, cel-celin iyo abaal-marin.

Cariye *(Cue):* waxa ku carinayaa wuxu noqon karaa xilli gaar ah, goob gaar ah, iyo xaalad gaar ah, sidoo kale, muuqaal, ur, iyo dhawaq gaar ah.

Cel-celin *(Routine):* wax qofku soo cel-celiyo mar walba falkeeda, fekerkeeda ama dareenkeeda, gaar ahaan xilli ama xaalad gaar ah.

Abaal-marin *(Reward):* waa fal-celin qofku heliyo, soo cel-celinta ka dib, taas oo naftiisu ku qancayso, waana laba nooc: mid toos ah, oo muuqata, iyo mid dadban oo ah, dheecaan maskaxdu soo deyso, kuna siinaya dareen gaara.

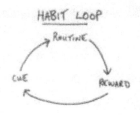

Caado cusub in la abuuro, ama mid jirtay la tir-tiraa ma sahlana, waana sababta buuggu ugu saabsanyahay sidii qof naftiisa wax uga beddeli lahaa. Balse, waa wax qof kasta awoodo, haddiiba cid kula mid ah ay hore caadooyin wanwanaagsan u abuuratay, balwado xun-xunna u hakisay, hubaal adiguna waad kartaa, kaliya waxa ay u baahantahay, in ay kaa go'antahay.

Isku-beddel caado: marka ay tahay laba caado, oo la isku beddelayo, mid taban iyo mid togan, haddii mareegta caadada wax laga beddelo, waa lagu guuleysan karaa, dhib yaraan, si nafta iyo rabitaankeeda waafaqsan. Waxa ka mid ah sida mareegta wax looga beddeli karo, qofku in uu halka celcelinta *(Routine)*, uu ku beddelo wax togan, oo ka wanaagsan wixii hore, ee uu rabay in uu beddelo, sida qaad, siigeysi, sigaar, adeegsiga xad dhaafka ah ee baraha, iwm. Wuxuuna qofku ku beddelayaa, tusaale ahaan, jimicsi, akhris, iyo Alle xus. Muhiimaddu waa in marka cariyuhu yimaaddo, sida waqti, goob, ama xaalad gaar ah, halkii aad hore kaga dhaqaaqaysay falkii tabnaa, waa in aad ka cusub ee aad ku beddelayso sameyso, judhaba. Maskaxdu isla dheecaankii ay soo deyn jirtay ayay soo deyn, isla dareenkii aad heli jirtayna waad heli, gaar ahaan muddo yar ka dib.

Awoodda Cariyaha: cariye cusub in aad samyso, mid horana tirtirtaa waxa ay u baahantahay naf xakamayn iyo go'aan dhab ah. Cariyayaasha waxa ka mid ahaa: goor, goob, muuq, maqal iyo xaalad. Sida ku xusan buugga *Atomic Habits* ee *James Clear,* marka aad rabto in aad abuurto caado cusub *"ma aha ta la isku beddelayo",* waa in aad hesho cariye cusub, oo kugu dirqiya, soo cel-celinta caadada cusub. Haddii aad rabto in aad joojiso mid hore, oo liidatana, waa in aad deegaanta wax ka beddesho, cariyahana buriso.

Caado cusub: Tusaale ahaan, shaqsi ahaan, qol baan sudhay sabuurad aan ku dhigay jadwal ka kooban: akhris, Qur'aan, Jimicsi iyo hawl guri, iwm. Marba haddii aan qolka soo galo, waxa aan isha ku dhufanayaa sabuuradda, ka dib xarafka (x) ayaan ku dhigayaa, haddii aan fuliyay, haddii kalana waxa aan hore ka go'aansanayaa goorta ay tahay in aan fuliyo. Calaamadda marka aan ku dhigo waxa aan helaa dareenkii abaal-marinta. Mar waa jadwal, aan waqtiga uga faa'ideysto, mar kalana waa cariye aan caadooyin cusub ku abuurto, kuna sii joogteeye.

Caado Joojin: sidoo kale, waxa aan arkay anigoo ku mammay adeegsiga Facebook, waqti aad u badanna ku qaata, faallo bixin, farriin dirid, akhrin iyo eegis kolba waxa cusub. Caadadan cariyaheeda, waxa aan u arkay in ay tahay, xisaabta ii furan qudheeda. Waxa aan go'aan saday in aan fasax ka qaato, waxa aan ka maqnaa muddo laba sanno ah. In aan wada xidho ma rabin, waayo gaar ahaan qurbo marka aad joogto, ehel, asxaab, iyo guud ahaan dalka, waa halka la iskaga war hayo. Waxa aan ka faa'iiday intii aan ka maqnaa in aan hirgaliyay caadooyin kale, oo igu adkaa, oo aan u helay firaaqo iyo abateed hawleed. Maanta dib ayaan u furtay xisaabtii, uma se adeegsado balwad ahaan sidii hore oo aan ka ahayn danta ugu muhiimsan.

Waxa laga yaabaa laba sanno in ay kugu dheeraato. Shan bilood xataa haddii aad ka maqnaato, waxa aad dareemi doontaa isbeddel weyn, gaar ahaan marka aad qabatintay.
Cariye kale: moobilka gacanta, haddii aad joojiso sariirta in aad ku dul adeegsato, oo aad kaga timaaddo fadhiga, laba xilli oo muhiim ah ayaad ka reysan: waa marka aad seexanayso iyo marka aad toosto. Waxa isna cariye ah, codka yar ee ogaysiiska ah *(Notification)* ee sheega in faallo ama farriin soo dhacday. Kaliya haddii aad xidho codkaa, waxa suurta gal ah in aad nafta caado ka baajiso. Caada kastaa waxa ay leedahay cariye, waana meelaha ay tahay, in isbeddel laga bilaabo.

Guud ahaan, caadeysigu waa mid ka mid ah nimcooyinka Alle innagu galladay; nimco kastaana nusqaanteeda leh. Mar walba waxa jira wax wanaagsan oo Alle inna siiyay, oo badhkeen u adeegsado si qaldan. Haddii indhaha laguu siiyay aragga, ma aha in aad macsi ku daawato. Sidaas oo kale, maskaxda waxa jira qayb la yidhaa *Basal ganglia*, oo keydisa wax kasta oo qofku bartay, sida xirfad iyo caado qofku sameystay. Tusaale ahaan, sida albaabka loo furo, sida tayga loo xidho, sida gaadhiga loo wado, iwm. Waxa aad qiyaastaa, dhaawac qaybtaa gaadha, sida noloshu dhammaan ay ka kac u tahay, wixii aad soo baranaysay illaa maalintii aad dhalatay. Sidaa daraaddeed, in aad wax barato, ka dibna, wixii kuu noqdo caado, oo aad dhib yaraan u samaysaa, waa wanaag, Alle (swt) loogu mahad naqo. Haddii se wanaagga aad u adeegsato xumaan oo aad ku keydiso maskaxda, balwad ama caado kale oo xun, hadhawna aad tidhaa waan iska dayn kari waayay, waa masuuliyad iyo shaqo adiga kuu taalla sidii aad iskaga dayn lahayd, adduunka iyo aakhirana aad ka dhaxli karto khasaare. Qaladaadka iyo gafafka hore u soo dhacay, dib ayaynu u sixi karnaa. Waxa innaga xiga uun, toobad, iimaan, hal-adayg, go'aanno iyo maan si togan u fekera.

Mid ogsoonow, mar walba caadadu waa ay sameysmi doontaa, laakiin caadooyinka kuwana dhugmo ayaad u leedahay kuwana uma lihid. Mararka qaar waxa dhacda, wax wanaagsan oo aynu caadeysannay in ay ka mid noqdaan waxyaabaha iska caadiga ah ee soo noqnoqda *(Routine),* kuwaas oo aynu sameynno, akhrinno, ku fekerno, ama la nimaadno, innagoon kaba war qabin taas oo aan mar walba ahayn sida saxda ah. Haa, qasab ma aha qaarkood in aad ka warqabto, haddiiba ay caado noqdeen, sida kaba xidhashada, gacanta cunnada, iyo cadayga. Laakiin

126

salaadda, Qur'aanka, cunto karinta, baabuur wadidda, shaqada, akhriska iwm, si kasta oo ay caado u noqdaan waa in aynu mar walba maskaxda ku carbinno soojeed in ay ku fuliso hawshaas. Haddii kale, waxa aad luminaysaa ajarkii cibaadada, tayadii shaqada, nabad-galyadii wadidda, iyo fahankii aqoonta.

GUNAANAD

Horumar ma sameyn kartid shaqsi ahaan, qoys ahaan, shirkad ahaan, iyo dal ahaanba, haddii aanu isbeddel iman, isbeddelkuna ma hawl yara. Mar kasta oo aad is tidhaahdo wax cusub isku day, balwad jooji, ama caado cusub abuur, waxa aad dareemi doontaa xanuun iyo xasillooni la'aan, sababtoo ah isbeddelku waa guurid aad ka guurayso xaalad, una guurayso xaalad kale. Jidka inta aad ku jirto dulqaad baa kuu habboon, marka aad gaadho kolba heer iyo mar xalad gaar ahna waxa ay kaaga baahantahay la qabsasho.

Isku soo duub: marka feker yimaaddo, sabab fekerka xoojisaana waa in ay jirto, ka dibna go'aan. Go'aankuna midha dhal ma yeelanayo haddii aan dhabar-adayg jirin, kaas oo ah joogtaynta iyo ku adkaysashada, xanuun kasta oo jira, inta naftu la qabsanayso. Taasina waxa ay ku suurta galaysaa, laba arrimood: ta koobaad, waa kolba deegaanka kugu xeeran iyo cidda aad kaashanayso. Ta labaadna, waa xisaabinta nafta, oo leh qiimeyn, qorsheyn iyo maareyn.

"In aad muddo adduunka ku soo kor noolaataa waa arrin sahlan. Laakiin in aad nolosha dhab ahaan u dareento, xaqeedana marisaa, halgan iyo dhabar-adayg ayay rabtaa. Noqo midkii maankiisa haga, naftiisa xakameeya, noloshiisana maareeya"

128

TIXRAAC

(Notes)

T. aad: FEKER TOOLMOON

11. Ku dayasho. *Qur'an*, Axzaab 21
17. Dhugashada waxa taban., *Dr Ibrahim El-Fiqi.*
19. Maan furan. *Carols. Dweck, Phd.,* Mindset (2006)
21. isbeddel gudeed. *John C. Maxwell,* thinking for change (1989).

T. 2aad: SABAB ISBEDDEL

28. Hindisay diyaaradda. *Simon Sinek,* Start With Why (2009).
45. Cidna wax kama beddelo. *Qur'an,* A racad 11

T.3aad: GO'AAN GAADH

45. Alle u tala saarta. *Qur'an*, Al-Cimraan 15.
48. Awrka dabar. *Xadiis*, At-Tirmidi 2517
48. Awood darrida. *Xadiis*, At-Tirmidi 3572
61. Xumaha farta. *Qur'an*, Yuusuf 53
62. Cun rahaas. *Brain Tracy,* Eat That Frog (2007)

T.4aad: ISKAASHI

68. Quusta. *Martin Saligman,* Learned Optimism, (2006).
75. Diinta saaxiibkii. *Xadiis,* Abi Da'uud 4833

T.5aad. ISXISAABIN

90. Daaqadda Joohari. *Mikael & Roman,* The Decision Book (2011).
91. Sirta iyo midda qarsoon. *Qur'an,* Daah, 7.
96. Jaangoyn. *Ibraahin Waaberi,* Maaree noloshaada (2017) .

T. 6aad. DHABAR-ADAYG

106. Joogetyn. *Xadiis,* Ibni Maaja 4240
110. Saddex. *Darren Hardy,* The Compound Effect (2010).
115. Hilmaan. *Scott Adams,* How to Fail at Almost EveryThing ...
122. Mareeg. *Charless Duhigg,* The Power of Habbit (2014). CH1
124. Cariye. *James Clear,* Atomic Habits (2018)

KU SAABSAN QORAAGA:

Ibraahin-Waaberi, waxa uu hore u qoray saddex buug, oo kala ah: Dhibaatada Dhulkeenna (Qaad & Qabyaalad); Irridaha Farxadda, iyo Maaree Noloshaada, waqtigana ka faa'iideyso. Waxa kale, oo uu leeyahay maqaallo door ah. Waa mid ka mid ah aasaasayaasha Pacific Human Development (PHD Center), oo ah xarun bixisa tabobbarro, iyo talooyin ku saabsan arrimaha horumarinta aadanaha, iyo hoggaaminta hagaagsan.

- Waxa uu wax barashdiisii jaamacdeed, uu ku qaatay dalka Masar, jaamacadda Qaahira, gaar ahaan kulliyadda cilmiga beeraha iyo horumarinta bulshada reer miiga.

- Sidoo kale, waxa uu culuumta horumarinta aadanaha, billowgii uu ku bartay Mac-hadka *"Candian Tranaing Center of Human Development,* ee *Dr Ibraahin Fiqi* (A.H.U.N). Isagoo markii dambana ku biiray Mac-hadka Axmad quduus, lana yidhaa *"Ibda'aa Traninin and Personal Development Center"* kana qaatay shahaadooyin dhawr ah, gaar ahaan tabobbarrida tobabbarayaasha *(TOT).*

- Waxa uu wax barashooyin aan toos ahayn *(online)* uu ka qaatay jaamacado ku yaal Mareykan, gaar ahaan, Horumarinta awoodaha aadanaha iyo Hoggaaminta shaqsiyeed.

132

DHAMMAAD

2020

Madbacadda Hiil Press

contact@hiilpress.com

Made in the USA
Las Vegas, NV
05 January 2025

15894316R00090